8-1

くらしの形見

8-2

くらしの形見

8-3

くらしの形見

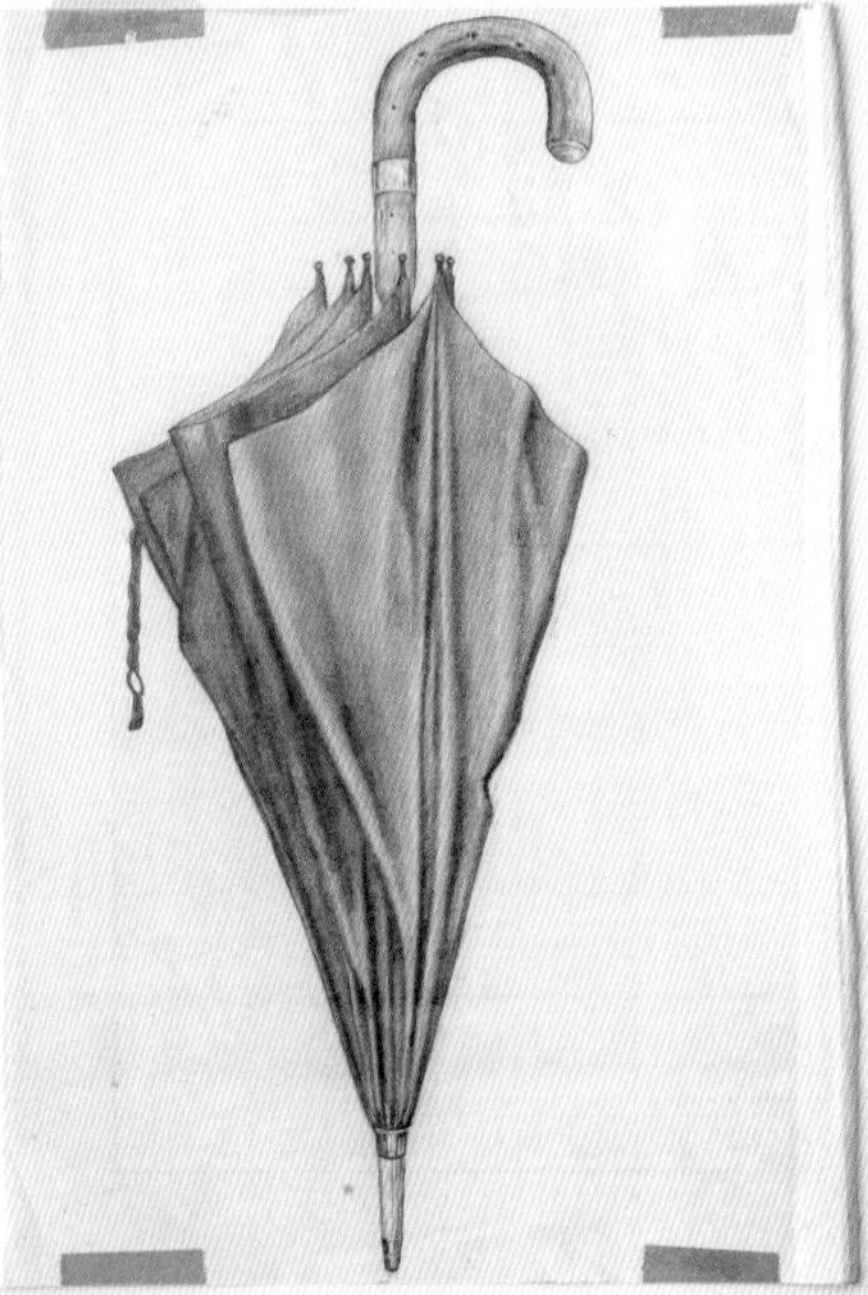

8-4

くらしの形見

8-5

くらしの形見

8-6

くらしの形見

8-7

くらしの形見

8-8

くらしの形見

伊丹十三

MUJI BOOKS

くらしの形見 ｜ #8 伊丹十三

伊丹十三がたいせつにした物には、
こんな逸話がありました。

8−1 ｜ **卵焼き器**
妻と次男から誕生日に贈られた「有次」のもの。本人は困惑しながらも毎日練習！　連日卵焼きをつくり、家族にふるまいました。

8−2 ｜ **小学校2年生で描いた朝顔日記**
6月から8月にかけての朝顔の観察日記。池内義弘は本名。題字や絵の配置などが表紙然とし、小2らしからぬ驚異のデザイン力。

8−3 ｜ **Macintosh PowerBook 5300ce**
還暦前後にパソコンに開眼。シナリオ執筆に活用したのはもちろん、インターネットの可能性にも早くから注目していました。

8−4 ｜ **エッセイ「傘」の挿絵原画**
女物の傘を持たされたのが恥ずかしかった幼少期の思い出からか、大人になって、男性的な「ブリッグ」のこうもり傘を愛用しました。

8−5 ｜ **ボルサリーノのハット**
創業150年以上、老舗イタリア帽子ブランドのソフト帽。
映画監督だった父を真似て、撮影現場ではいつもかぶっていました。

8−6 ｜ **アルマーニのセーター**
幼い頃から後年まで原稿を書くときはいつも腹ばい。セーターの肘はしだいに傷み、妻が当て布をして繕ったものを着続けました。

8−7 ｜ **ルイ・ヴィトンのトランク**
海外へ行くときはヴィトンのえんじ色限定モデルを大小セットで愛用しました。脚本監督作『大病人』にも登場したお気に入り。

8−8 ｜ **伊丹万作の芭蕉いろはかるた**
戦時中、軍国主義的な標語のかるたで遊んでいるのを不憫に思った父・万作の手作り。そのかるたの裏に芭蕉の俳句と絵を書きました。

撮影 ｜ 永禮 賢

目次

JUZO 0

図版番号は、一五四ページの「逆引き図像解説」をご参照ください。

伊丹十三の言葉

ハンカチといえども
アップになる瞬間は
大俳優と同じく主役の扱いである。
おろそかに決めるわけにはゆかない。

『「マルサの女」日記』 一九八七年

JUZO 1

若い頃、私は恋人と遠く離れて住んでいた。
私の住む町は空が美しかった。
私は毎日の空の青さや雲のたたずまいを克明に恋人に書き送った。
自分の感じているのと寸分たがわぬ体験を恋人にも感じさせたかった。
私はさまざまな作家の文体を借りて恋文を書いた。
イブセマスジ、ダザイオサム、イシカワジュン、ウチダヒャッケン。
それに翻訳家のスズキシンタローなどの文体を私は完全にわがものにした。
この試みは全くムダで恋人はやがてどこかの商家にとついでしまったが。
これが私の最初の表現活動であり、
その表現活動が誰かと一体になりたいという
一体感への身のやくような欲求に発していることは、
今考えるとやや感動的でもある。

「恋文」　※年代不明

たとえばお茶を淹れる時、
そのつどそのつど、急須《きゅうす》にお茶が一滴も残らぬようにする。
つまり必要量以上のお湯を、
そもそも注がぬようにする。
たったこれだけのことで
お茶の味わいがまるで違うのを
私はつい最近まで知らなかった。
不覚！　とやいうべきものである。

「不覚」一九六八年

山崎氏[※]、大滝秀治氏、笠智衆氏も登場。
この三人は自分が無条件で信頼する俳優だ。
存在そのものの不透明感を画面にもちこむすべを心得た人たちである。

※山崎努

『「お葬式」日記』 一九八五年

実《げ》に、私において、
猫のいない人生は考えることもできぬのである。

「猫」一九七二年

JUZO
2

オヤ、吉井良三先生が二冊目の本をお出しになった。
今度は『洞穴から生物学へ』か。
ホウ朝日の『探検と冒険』は第八巻「海と空」か、
ヘエ、気球の作り方が出ている。
『東方見聞録』マルコ・ポーロ、これもいつか読まなきゃいけないしと、
新井白石『西洋紀聞』あぁ、あぁ、読まなきゃいけない本が随分あるなあ、
『古代の日本』ヘエ、こんなシリーズがいつ出たのかな、
角川書店か、ええと——とりあえず、
今夜読むものがありゃいいんだが、
ええと何にしたものか、などと迷いに迷い、
そのうち岩波新書の前などに来て、あれも欲しくこれも欲しく、

まるで決定能力がなくなって――
なァに、欲しけれゃ全部買やいいんです。
そのくらいの財力はあります。
一度欲しいと思った本は、大概いつかは買うんだから、
今ついでに買って積んでおけばいいんだが、
どういうんでしょう、
やっぱり本屋廻りっていうのは、
素寒貧《すかんぴん》の学生時代についた癖のせいか、
今だに私は本屋にはいるとなぜか一冊か二冊を撰び出そうとして
悩みに悩んでしまうのである。

「本屋」一九七二年

この静かな簡素な形、竹や木で作られた物質感の好もしさ、
しかもです、ナイフやフォークが、
たかだか六、七世紀の歴史しか持たないのに反し、
箸には二千年以上の歴史があるのです。
どうです、皆さん、箸を使おうではありませんか。

「スキヤキ戦争」一九六五年

笑うという字が
いかにも笑ってるように見えるのを発見したのは、
小学校三年の頃だったと思う。

「辞書」 一九七二年

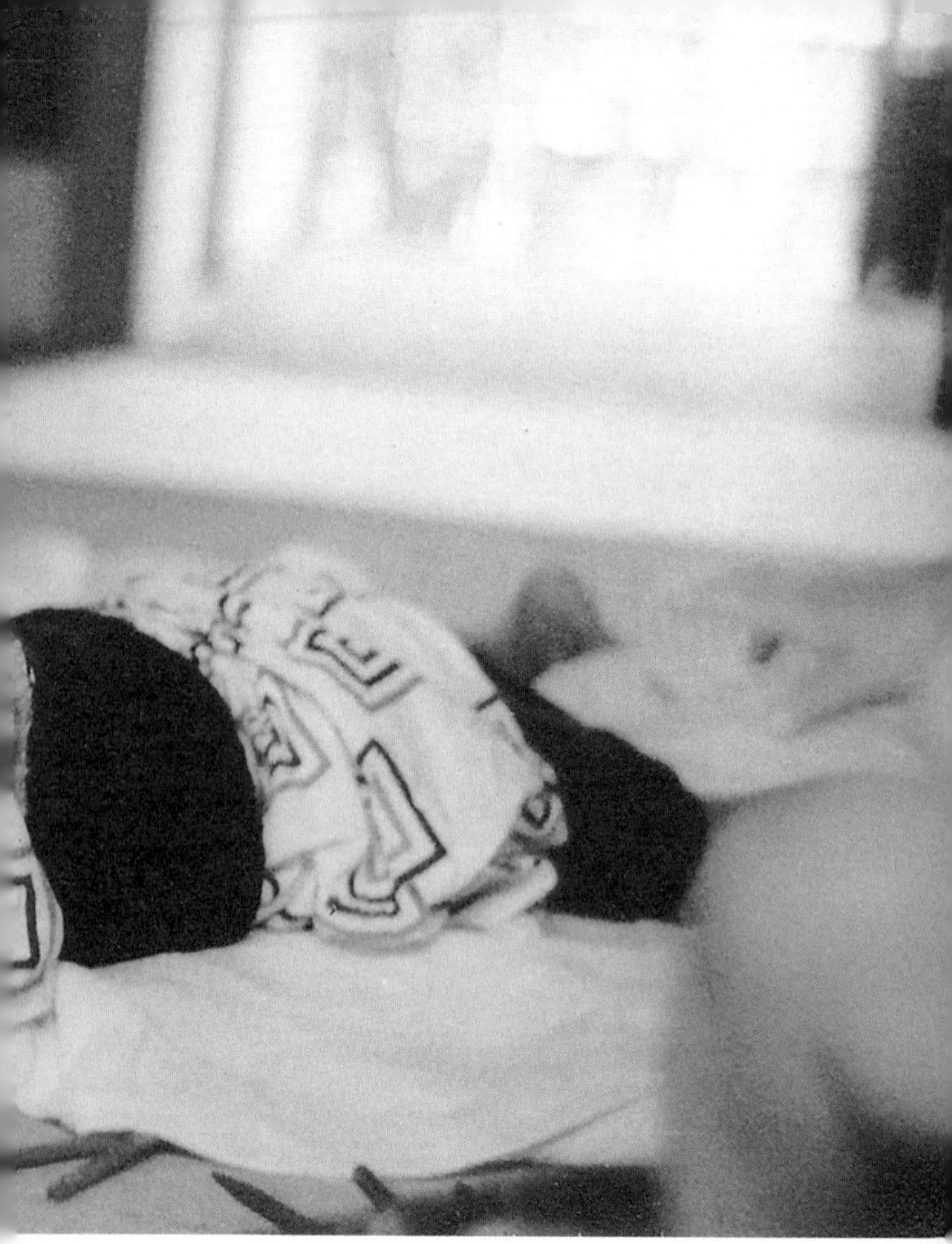

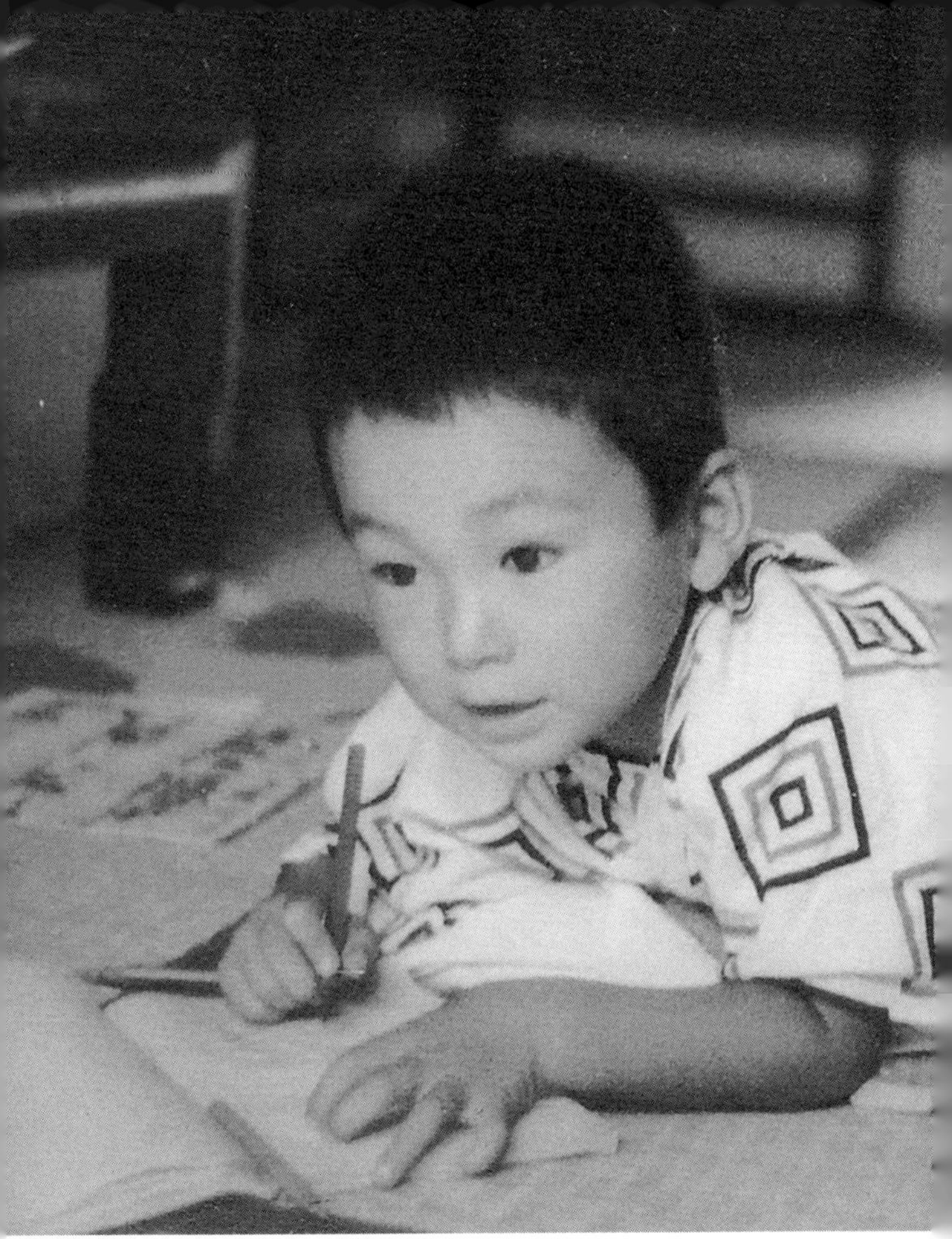

JUZO
3

自分の嫌いなものを
あれこれ考えるのはとても愉《たの》しいことです。
美的感覚とは嫌悪《けんお》の集積である、
と誰かがいったっけ。

「わたくしのコレクション」　一九六五年

「一日ニ玄米四合ト、味噌ト少シノ野菜ヲタベ」という、宮沢賢治の詩の一節が、近頃ひどく心にしみる。ひょっとすると、これはただ質素を説いているだけではない、食生活の基本に対する深い洞察を含んだ教えなのではないか。次第にそのような気になり始めた。

「美食について」一九七五年

まあ、ものというのはあくまでも記号なわけですけど、
しかし、あんまり記号過剰になると、
たまには整理して、単純素朴なとこへ戻りたくなるわけね。
それが「無印良品」ということなんでしょうが、
だからといって記号から脱出したわけじゃなく、
記号の氾濫を通り抜けたところに見出された、
ひとまわり上の素朴な記号、ということでしょうかね。

対談「ものの魅力ってなんだろう」 一九八四年

伊丹万作全集 3
筑摩書房
伊丹万作全集 2
筑摩書房
伊丹万作全集 1
筑摩書房

高校生くらいになると、
バッハの組曲二番のフルートのパートを全曲、
口笛で演奏できるくらいになってきた。

「口笛のポロネーズ」　一九六八年

料理の一番肝腎の味のポイントとなるべき、
ソースやマヨネーズあるいはドレッシングにすべて既製品を使う。
これで料理が上手になるわけがない。

「ベスト・ドレッシング」　一九六八年

私は「熊のプーさん」で育ったといっていい。
幼年時代、毎日毎日、飽きもせず母に読んでもらった。
プーや、コブタや、カンガや、イーヨーは、
私の幼年時代の友であった。

＊

子供が四歳になったある日、遂に私がそれを読んでやる時がきた。
読んでやって驚いた。
これはまあ、何という厭味な物語りだろう！
要するに、この物語りの少年主人公はいわば貴族なのである。
そして、プー熊を初めとする登場人物はさながら従順な下層階級なのだ。

「熊のプーサン」一九七九年

あのね、
映画の中によく電話が出てくるだろう。
その、電話の扱い方なんだけどね、
電話のベルが鳴って受話器のクローズ・アップになるっていうのは、
必ず下手な監督だね。
いや、下手じゃなくても、
便宜主義的で、想像力のない監督だね。

「監督の条件」一九六五年

われわれの仕事は、
人間をあるがままの姿で捉えることを出発点とする。
自分のイメージにあわないからといって、
イメージからはみ出た分だけ、
他人を鋏《はさみ》で
ジョキジョキ切りとるような仕事はしてはならないのだ。

「恐怖の人」 一九七九年

子供がいうことを聞かない場合どうするか、というと、
私は徹底的に説明するわけです。
三歳の幼児に対して堂々理論闘争を展開する。
育児書には、叱る時にはガンと一発叱る、
理屈はいけない、とあるが知ったことじゃない、
徹底的に説明する。
私が自分の子供が、全く可愛気のない、
日本一理屈っぽい子供になってもかまわんと思っている。

「子育ての大方針」一九七五年

まアそんなわけでね、片時も活字なしでいられない。
だから、トイレなんかはいって本もなんにもなかったら大変だ、
必死になってなんか読むものないか探すヨ。
ポケットにはいっている人の名刺でもなんでもいい、
薬の効能書なんかあったら大喜びだ、
トイレットペーパーのスペアの包み紙があるでしょ?
あそこに書いてある文句なんかでも貪《むさぼ》り読んじゃうものネ、
「グーンと使いでがある七十二メートル巻き」とかね、
「柔らかな膚《はだ》ざわり」なんて書いて、
英語で「シルキー・タッチ」
なんて書いてあるのもネ、読む。

「読書」一九七一年

日本シナリオ大系
日本語
大辞典
GJ
学習国語新辞典
広辞苑
広辞林

JUZO
6

靴、靴下、傘、旅行用トランク、
そうして家族たちの服装、
こういうところにお金をかけるのが
男らしいお洒落であると思うのです。

「男らしいお洒落」　※初出年代不明

私は役に立つことをいろいろと知っている。
そうしてその役に立つことを普及もしている。
がしかし、
これらはすべて人から教わったことばかりだ。
私自身は――
ほとんどまったく無内容な、
空っぽの容れ物にすぎない。

「『女たちよ！』序文」　一九六八年

ア

彼《アレ》
慌忙《あわただ》しく
那《ア》の　那云《アア》う
那《アレ》
那様《アア》
彼地《アッチ》
那麼《あんな》
妾《アタシ》
彼方《アッチ アチラ》
周章《あかて》る
所有《あらゆる》
胡座坐《アグラ》
揚句
塩梅《アンバイ》
恰《あたか》も
頼・豫《あらかじ》め
惶忽《アワタダ》し
周章《あわ》てる

嗚呼《アア》
噫々《アア》　手支
噫《アア》(痛恨)
饜《ア》く
昂がる
燥か
(中る
方《アタ》る)
聚む
(憫む
哀む
憐《アワレ》む)
遇う
肯《アエ》て
殆《あやう》し
謬る
革《あらた》む
遖《あっぱれ》
按排
愈《いよ》々
彌《いよ》々

イ

何処《イズク》
如何《イカ》に
可《いかん》い
可厭《イヤ》ない
被入《いらっしゃ》い
幾許《いくら》
多少《いくら》か
種々《イロイロ》
一伍一什《いちぶしじゅう》
日外《イツゾヤ》
幾許《イクバク》
争《いか》で
雖《いえど》も
聊《いささ》か
苟《いやし》くも
況《いわ》んや
否《いいえ》
何《いづ》れ
孰《いづ》れ

如何
何如 いかん
奇何
瞋る(目ヲ)
慍る(ムットー)
恚る(イッテモ)
忿る
[illegible]む
詐る
詭る
佯る(オモテムキノミセカケ)
曰ウ
云ウ
言ウ
謂ウ
賤し(貴↔)
鄙し(イナカ)
陋し(セマシ)

ウ

可羨《うらやまし》い
胡散《うさん》
胡乱《うろん》
虚言《ウソ》

餓《ウエ》
飢
饑
饉
伺う
窺う
候う
穿つ
鑿つ
浮ぶ
泛ぶ
蕩《うご》く
撼《うご》く
失う
喪う
亡う
撲つ
毆つ

クワセモノ

父の友人が私に話をしてくれた。

ある時、彼が父と一緒に旅行して、とある宿屋へ泊まることになったのですね。宿帳が出る。筆を取り上げて父が書き始めた。横から見ていると、住所、氏名、年齢、まですらすらと書いてきた筆が、次の「職業」のところでふと止まった。

父の職業は映画監督であったが、こういうことを宿帳に堂堂と書き込むためには、かなり頑健なる精神を要する。職業欄に「芸術家」と書き込んだ女優がいたという話をなにかで読んだが、なかなかこういうふうにできるもんじゃない。

私にも、宿帳に「俳優」などと書き込む勇気はないだろうなあ。たぶん「自由業」くらいでお茶を濁すんじゃないかな。それにしても、ただ自分の職業をありのままに記入する、なんていうあたりまえのことに、なんで勇気なんぞが必要なのだろう。

私は友人の俳優や作家や作曲家に訊《たず》ねてみたが、たれ一人として「俳優」とか「小説家」とか宿帳に書いたことのあるひとはいなかったのである。

「おまえさん、それで俳優のつもり?」

「ほう、あんたが小説家ねえ。するとあんたが書いてるものは小説ってことになるねえ、小説ってのは、あんなもんなの?」

「俳優っていうのは、ジョン・ギルグッドとかマイクル・レッドグレイヴとかアレック・ギネスとか、ああいうひとのことをいうのかと思ってたなあ。ふうん、あなたも俳優なの」

「まさか、このひとが作家っていうんじゃないでしょうねえ。このひとのこと作家なんていったんじゃドストエフスキーにも失礼だし、バルザックにも失礼だよ。ヘミングウェーにもサルトルにも失礼だよ」

宿帳の職業欄に行き当ったとたんに、心の中が喧喧囂囂《けんけんごうごう》という状態になってしまうらしい。

作家なり俳優なりとして、世の中で通用するということと、自分の中で通用するということとはまるで違う。

世の中での通用がいかに追いかけても、自分の中での通用というものは、決してそれに追いつかれてはならぬし、ましてや追い抜かれたりしてはならぬものである。いわんや、世の中での通用というものが、自分の中での通用の代わりに住みついている心なんぞは、初めから論外というべきだろう。

しかし、なんですね、世の中というのは寛大というのか、たとえば私なんぞを、なんとなく生かしておいてくれる。実に不思議なものだ。なんで私なんぞが、仮にも通用できるのか。

私は「クワセモノ」ではないだろうか。若い時から心の中に立ち籠《こ》めていた、このもやもやとした疑惑が、今や凝ってひとつの固い黒光りのする確信となって私の心の中に残ったね。

「然《しか》り。私はクワセモノである」

JUZO
8

そういうわけで、私は、父が職業欄に書き込もうとして、ふと筆をとめた気持ちがよくわかるのである。

父の友人の話によると、父は一瞬考えたあと、伊丹万作の名前の下に「山師」と書き加えたという。

最近、私は悪性の湿疹《しっしん》にとりつかれた。どうも旅先で伝染したらしい。これを掻《か》き壊してしまって、薬を塗れども塗れども根治しない。まあ、服を着ていれば見えない場所ですから営業には差し支えないのだが、なんとも不愉快なものだね、湿疹というのは。

しかも、折り悪《あ》しく風邪をひいて、この風邪が扁桃腺《へんとうせん》へきた。扁桃腺が大きく腫《は》れて、たとえば、大きな、生まのレバーのかたまりを呑《の》み込みかけているような、これまた、えもいえず不愉快きわまりない症状である。

しかも、こいつは痛い。唾《つば》を呑みこむために一大決心を要するほどに痛いのである。加うるに——これは扁桃腺が痛くなって初めて気づいたのだが、人間というのはやたらに唾をのみこんでるんだね、日常。だから、私は、三十秒に一度くらいの割りで、唾をのみこみたいという気狂いじみた欲望と必死になって闘わねばならぬ。物も食えなければ眠れもしない。

さらに悪いことには、今度は歯が痛くなってきた。医者に見せるとエキストラクトしようという。つまり抜こうという。しようがない、抜きましたよ、三本ばかり、奥歯を。

しかもですよ、かてて加えて今度は突如蕁麻疹《じんましん》が全身に粒粒と湧《わ》き起こったね。どうも、扁桃腺を治すための抗生物質と、歯痛をとめるための痛みどめが体の内で衝突したらしくて、全身気が狂いそうに痒《かゆ》いのです。それはもう、この「痒い」という字をこうやって書いているだけで、もう体中を掻きむしりたくなってくるほどに痒いのです。

どうしたらいいのかね、おれは。永年の悪業《あくごう》が、ここに報いをうけて、体が中から腐り始めたのではあるまいか。中のほうは、すでに緑や黒のドロドロに化しているのではあるまいか。

ああ痒い。扁桃腺が痛い。唾をのみこみたい。湿疹も痒いぞ。奥歯が疼《うず》く！ともあれ、私は仕事に出ねばならぬ。仕事は待ってくれない。風呂《ふろ》にはいる。服を着る。鏡の前に立つ。鏡の前に立って私は驚いたね。病気で少し痩《や》せたせいか、顔がいつになく引き緊《し》まっていい男に見えるではないか。なぜか蕁麻疹も顔へは出ない。歯を抜いたのも奥歯だけだ。体の中は、すでに緑色に腐り始めているのに、外から見える部分だけはパーフェクト・コンディションを保っているというこの怪異！

ああ、もしかしたら私は底の底までもクワセモノなのではないのかしらん。

『再び女たちよ！』一九七二年

洗濯ものを干してる奥さん
眺めている男
「よいよい魂消《たまげ》たねや、立派な振り袖じゃ
ないか」
~~女~~奥さん「？」
「オラ ここにあるがね

女の振り袖」

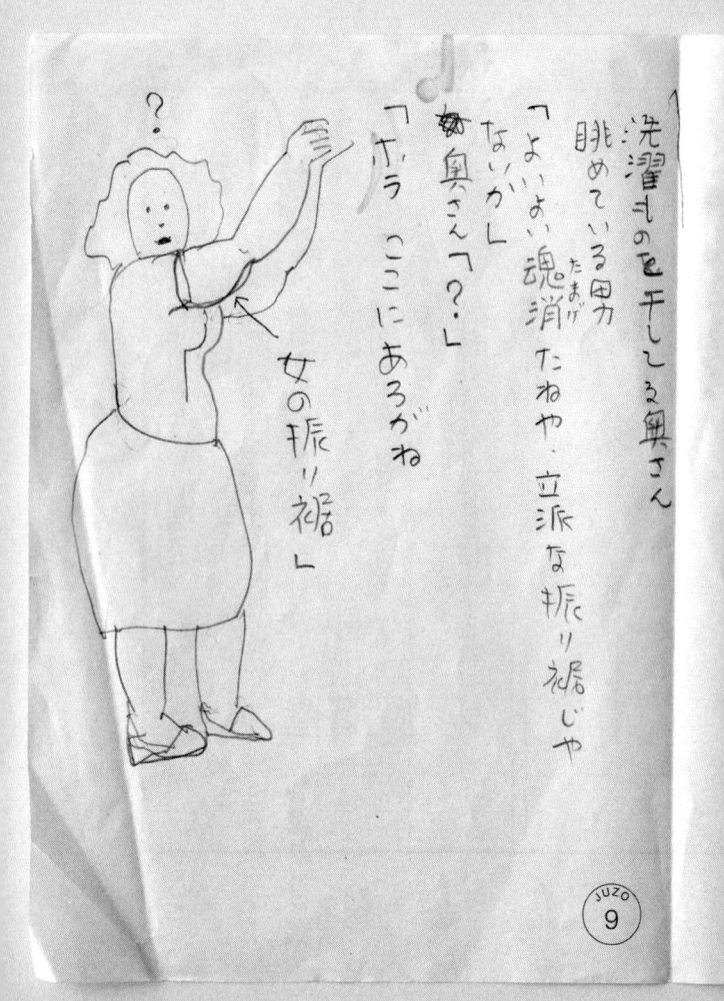

素朴な疑問

素朴な疑問が、わたくしには沢山あります。

一体、東京はいつ頃から醜くなり始めたんだろう。江戸はどうだったんだろう。江戸の街は美しかったろうな、多分。第一全部日本建築だったんだもんね。建築の様式に統一があれば、街なんて美しくないわけがない。

それでは、どこに断絶があったのかな。東京はいつからきたなくなったのかな。新しく家を建てる時、玄関の横に洋間をくっつけ始めた頃からかな。電柱が建ち始めた頃からかな。ペンキで看板を書くようになってからなのかな。それとも屋根をトタンで葺くようになってからなのだろうか。震災や空襲で焼野原になってしまった前と後では、美しさはどんな工合に受け継がれるのかな。パリやローマで、新しく建物を造ろうとしたら、街の美しさから受ける抵抗というのは、これは大きいだろうね。大き過ぎて、やっぱり変な真似《まね》はできないだろうな。日本的な美しさにはそれだけの抵抗が無いのかね。

黒々とした山のふところに、藁葺きの農家がひっそりと並んでいる。そこへ突如クリーム色のモルタル二階建て、しかも、どういうわけか屋根は緑色のトタンで葺いた村役場がポンと建って村人喜ぶ、というのは、こりゃどういうわけだろう。

そもそも日本人というのは、美しくなけりゃ気が済まないという人種で、あったのか、なかったのか。どうして醜い要素ばかりがドンドン発展してしまうのか。

日本では、人間の集るところが必ず醜くなるのはどういうわけなのか。人々が寄ってたかって自然の美しさを台なしにしてしまうのは一体なぜだろう。たとえば海岸は美しいが、海水浴場はなぜあれほど薄ぎたないのか。リド、なんてうまくいってるがねえ。リドっていうのはヴェニスの向い側にある鰻形《うなぎがた》の島ですが、この海岸なんてうまくいってるねえ。小さな脱衣所というかバンガローというか、犬小屋をそのまま大きくした感じの建物なのですが、屋根が白っぽいグレイのスレートでね、壁は全部青と白の縦縞《たてじま》なのです。イタリー人はどうして青と白の縞があんなに好きなのかな。これが何百も一直線に並んでいるのを見ると、日本人は大概鎌倉のヨシズ張りを想《おも》い出して、畜生、うまくいってやがるなあ、と叫ぶのです。

あるいはパリの空港の、グレイとブルーと軽金属色の広い広いロビーの中で、案内係の女の子の着ているオレンジ色の制服の色がよい、これはパリだ、といってハタと膝《ひざ》をうつのです。どうしてパリはこんなに綺麗なんだろう。緑と、黒と、茶色と、グレイ、それに少量のオレンジやコバルトや黄色のある町。人々は、グレイや黒やいろんな茶色の革なんか着て歩いてるねえ。あれは、街にあわせてるんだ。連中は、街を上等の外套《がいとう》みたいに着こんでいるんだ。

どうしてパリはあんなにうまくいってるんだろう。どうして東京はあんなに駄目なんだろう。日本人っていうのは駄目な種族なのかね。

日本のモルタルの小住宅の二階の窓、なんていうのは、一つの醜いものの典型でしょう。形式的な美しさなんて少しもない。そもそも外観なんかどうでもいいのではなかろうか。家の外側というのは、つまり部屋の裏側であるに過ぎない。だから中にあって工合の悪いものは全部外にくっつければよいという考え方なのでしょう。

雨戸の戸袋が出っ張ってついている。トイレの空気抜き、風呂場《ふろば》の煙突、雨樋《あまどい》、ガスのメーター、牛乳箱、郵便受、屋根の上に物干台を作る、テレビのアンテナを立てる、犬小屋を置く、電線を収めた鉛管や、ガス管が壁の外を這《は》っている、お上も協力して、電柱を立て、電線を張り巡らし、交通標識を立ててくれる、玄関にはNHKの聴取者章、電話番号、丸に犬と書いた金属板、押し売り、ユスリ、タカリは一一〇番へ、という貼《は》り紙、防犯連絡所という木札、朝、読、毎、と白墨で書いて丸で囲む、少し横の方には所番地を紺地に白で書いた琺瑯《ほうろう》の板、これにはタイアップの広告がついて、一日百円の民謡温泉、板橋駅前、なんて書いてある。

これでこの家がラーメン屋でも始めたらどうなるか。まず看板を出すだろう。

軒に平行した奴《やつ》と、壁から直角に出た奴、二階の窓の上と屋根との間の三角形のスペースにも、ペンキで同じことを書く、暖簾《のれん》を出す、屋根形の小さな看板に、中華、丼物《どんぶりもの》一式、出前迅速、それからメニューのようなものを書いて路端へ出す、映画のポスターを貼る、自転車と単車を店の前へ置く、赤電話、赤電話があるという楕円《だえん》形の看板、地方の商店街なら、赤と緑の、得体の知れぬネオンのついた広告燈《とう》が立ち並ぶ、柳祭、桜祭大売出し、なんていう時には提《ちょう》灯《ちん》をつるし、桜の造花を飾らねばならぬ。

これがわれわれの街なのです。

思い切ってスラム調で統一してみました。

穢さがイッパイ！

『ヨーロッパ退屈日記』一九六五年

JUZO
10

プ

日本人のプロデューサーとドイツ人のプロデューサーが、合作の打ち合わせをしたいから通訳代りに立ち会ってくれという。頼まれれば是非もないので、雨の降る中を、レインコートの襟を立てて帝国ホテルまで出掛けたのだが、これはえらい目にあった。打ち合わせもなにも、日本人の方にはまるでその気がありゃしない。乗り気でないならはっきりと断ればよいものを、しきりにドイツ人の持ってきた脚本に難癖をつける。難癖をつけちゃあ、さあ訳せと云《い》わんばかりに人の顔を見るのだが、とても訳せるような内容じゃないんだ。読者のうち些《いささ》かでも英語に自信のある方は訳してみられるがよい。一行でも訳せたらお目にかかる。たとえばこんなことをいうのだ。

「シナリオなんてものはサ、開巻劈頭《へきとう》、何かガッと一発カマスとかネ、カマしたところでパッと足払いを掛けて、それをこうこっちへ掬《すく》い取ってやるみたいなとこがなければ、どうにもならんのじゃないの?」

こんなものが訳せてたまるものか!

あるいはまた
「それがよしんば日常性を追求するにしてもヨ、日常性は日常性なりに、やっぱり作り方に、それなりのメリハリというか、メリハリのないのがメリハリだ、みたいな、そういうものがあるわけじゃないのヨ。そのへんのケジメをもう少しピッと通さないことには、どうにもシナリオの肚《はら》が坐《すわ》ってこねェんじゃないかってことネ」

なんぞとも云う。「そのへんのケジメをもう少しピッと通す」なんてのは英語では一体どういうことになるのか。「シナリオの肚が坐る」なんぞも大いに閉口である。自分が一向に訳そうとせぬものだから、日本人がまた喋《しゃべ》り始めた。

「それにこの主人公にしてもそうネ。もう少しこの男の情念というか、どうしてもギリギリこれだけなんだ、みたいな思いみたいなもんネ、そういう一種の業《ごう》の深さっていうかなア、そういうものが書き切れないと、なんかこう奥歯に物の挟まったみたいなことになっちゃって、的《まと》が絞りにくいわけよネ。だから作者がヨガッている割に、どうもこう決るべきものがピタッと決らないような思いがついて廻るわけ。どうも――こりゃ、やっぱり、どうもって感じなんだなア。も一つどうもシナリオじゃないっていうか――ネ？　やっぱり、ちょっとどうもって感じなんだなア――」

自分は好《い》い加減面倒臭くなったから

「じゃあ要するに断りゃいいんですネ」

と云ってやった。日本人は慌《あわ》てて

「いやア、そう云っちゃァ身も蓋《ふた》もないんでネ、つまり――」

と、また始まりそうになったから、自分はドイツ人に向かって

「彼はこの脚本では協力できないと云っている」

と云ってやった。ドイツ人は目を丸くして、あれだけ喋って、たったそれだけしか訳さないのかと云うから

「日本人は相手の意志に添えない時は、無意味なことを長長と喋るのだ」

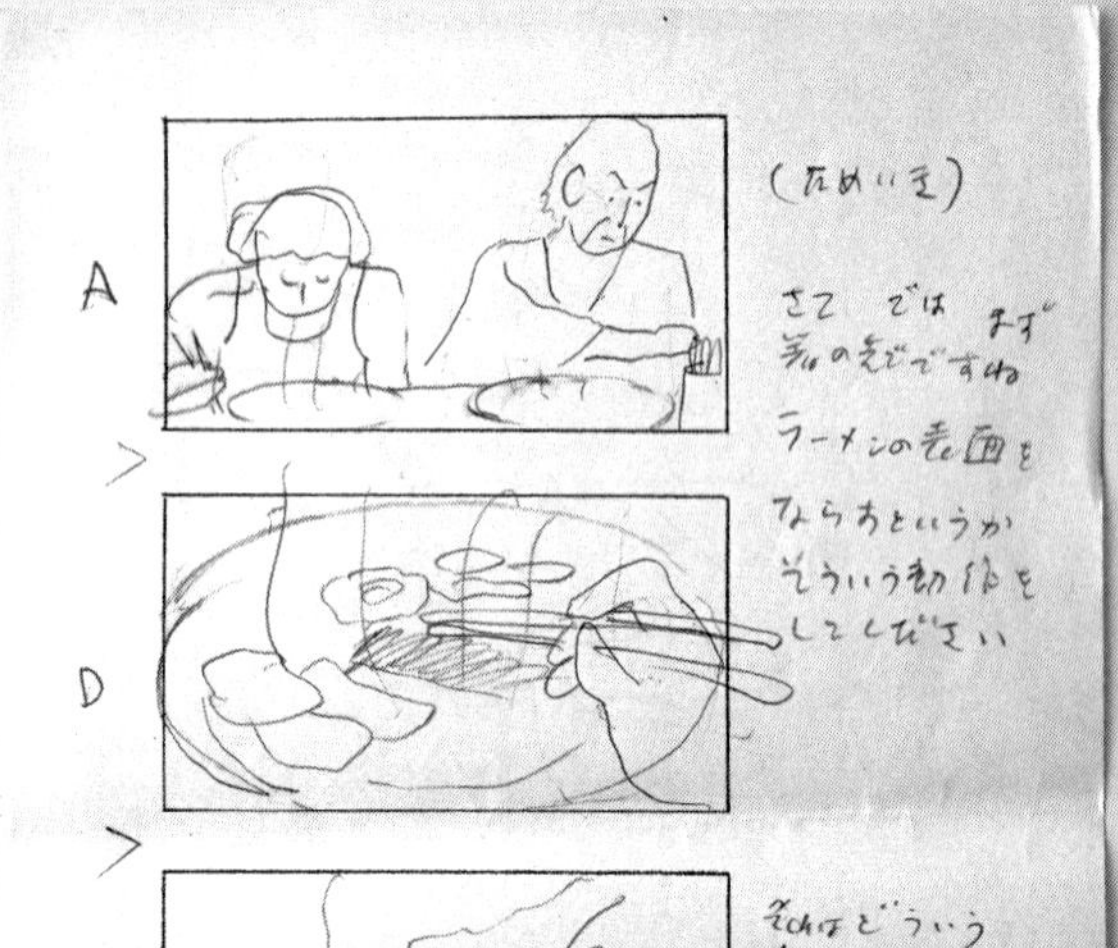
（ためいき）
さて　では　まず
箸の先ですね
ラーメンの表面を
ならすというか
そういう動作を
してください
A
D
それはどういう
意味でしょう
B
ラーメンに対する
愛情の表現です
C

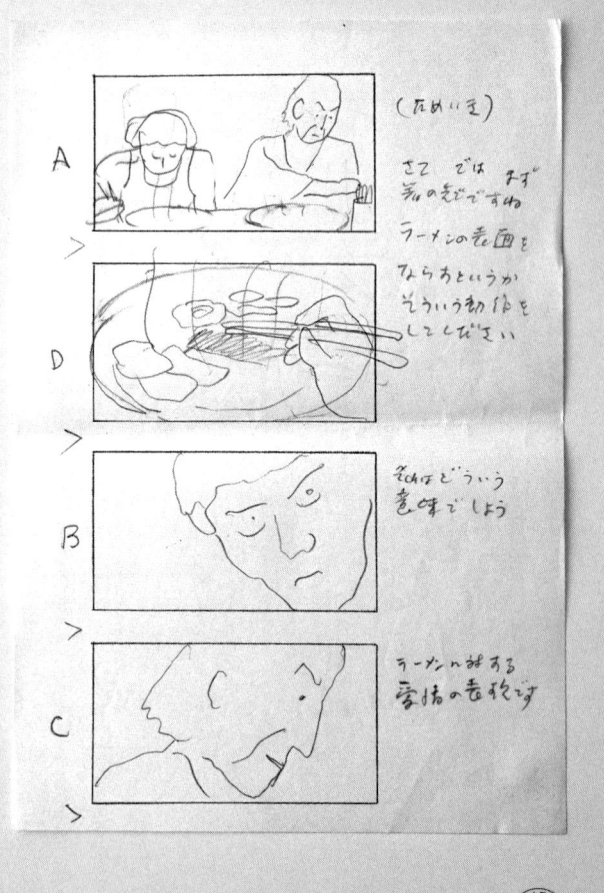

と説明してやった。

「あなたがたは自分の論理を主張するために言葉を使う。日本人は自分の云いたいことを隠すために言葉を使う。今彼が意味のないことを喋り散らしているのはノーと云ってあなたの感情を害すのを怖《おそ》れているからだ。イエスともノーともいわず、曖昧《あいまい》なことを延延と喋る、その態度で、答えがノーであることを察してほしいという謎《なぞ》なのだ。私は忙しいからこれで失礼する」

と席を立ってしまった。そのまま車を拾って会社へ向かう。会社ではこれから会議がある予定だった。

憂鬱《ゆううつ》な心を胸に抱いたまま車に揺られるうち、自分はいつしか浅い眠りに落ちていたらしい。ふと気が付くと、自分の乗っている車が、細い道路の傍《かたわら》へぎりぎりに寄って止っている。前方から来たトラックと、なんとかこの道路の幅《ふく》員《いん》の中で擦れ違おうとしているらしい。やがてこちらの車が
「プ」

と警笛を鳴らす。その声に引き寄せられるが如《ごと》く、トラックはするすると動き

出し、こちらの真横まで来るとピタリと止って
「プ」
と云った。こちらも
「プ」
と云って動き出し、トラックの向こうへ鼻だけ出して、また
「プ」
と云う。これでトラックの道は開《ひら》けたのだろう、トラックは
「プ、プ」
と云い捨てて走り去って行く。こちらもまた
「プ、プ」
と答えて動き出した。
「ウーム、なるほど。これだ！」
自分は思った。
「要するにプなんだよ、プ」

自分は心の中で激しく首肯《うなず》いた。

「プでいいんだよ、プで。プという一と言で全部用が足りるんだよ。これが本当のコミュニケイションなんだよ」

感心して呻《うな》り続けるうち、瞬《また》く間に会社に到着した。

会議はすでに始まっていた。社員がたった三十人しかいないのに全く会議の好きな会社だ。社長が立ち上がって

「エー、以上の諸点に関しまして、エー、諸君の活潑《かっぱつ》なる御討議を——」

とやっている。これなんぞ「プ」と一と声云やそれで済むことではないか。

社長の演説が終ると専務が係長に耳打ちする。係長が承って皆に資料を配り始める。これなんぞも、専務は只《ただ》、顎《あご》をしゃくって「プ」と云えば充分の筈《はず》だ。係長も「プ」と云って資料を配る。配るたびに「プ」と云って頭を下げる。配られた方も、軽く「プ」と云って会釈《えしゃく》を返す。やがて全員に資料を配り終って係長が自分の席に着こうとすると、社長が「ププププ」と注意する。肝腎《かんじん》の社

JUZO
12

長のところに資料を配っていない。係長が「プ」と頭を掻《か》きながら、社長のところへ飛んで行く。部屋の隅隅から「プププ」という失笑が洩《も》れる——これでよい。「プ」一と言だけで間然《かんぜん》することなく会議は進行してゆく。

そのうち、専務が大きなグラフを示しながら営業の不振を攻撃にかかった。これこそ無駄でなくしてなんであろう。グラフの要所要所を示しながら、営業部長を睨《にら》みつけ、不機嫌な声で「プー」とやれば簡単に済むことではないか。「プー」で足りないなら「プー、プップップ」とやればよい。

専務の「プープー」が続くうち、次第に営業部長の顔が赫《あか》くなってきたと思うと、やがて部長は椅子《いす》をガタンといわせて立ち上がり、顔を歪《ゆが》めて、吐き出すように「プッ」と云う。

それに対して専務が大声で「プー」とやりこめる。その「プー」がまだ終らぬうちに営業部長が「プープー」とやり返す。その「プープー」が終らぬうちに専務が「プープープー」と叫ぶ。その「プープープー」が終らぬうちに営業部長が「プープープープー」とやり返し、そうこうするうち、今まで小さな声で「ププププ」と云っていた列席者の声が次第に音量を上げて双方に加勢し始め、やがて満場は全員の「プープープププ」という声で喧騒《けんそう》の坩堝《るつぼ》と化し、果ては全員が二つに分れて

プププ

プププ

ププププ

プププ

三三七の猛烈な応援合戦になってしまった。自分も気がつくと大声で「プープー」やっている。誰かが自分の肩に手をかけて必死になって止めようとしているようだ——

ハッと目を覚ますと車の中であった。運転手が自分の肩を揺さぶっている。寝呆《ねぼ》け眼《まなこ》で見廻すと、車は会社の前に止っていた。なんのことはない、帝国ホテルから会社まで眠りこけていたものとみえる。

自分は慌てて料金を払い、思わず運転手に「プ」と云いそうになるのを危うく堪《こら》えると
「やア、どうもどうも」
と、至極曖昧な日本語を発して車を降りた。

『日本世間噺大系』一九七六年

博物図鑑

雑誌「ミセス」で連載（一九七一～一九七二年）していた
「のぞきめがね」「私の博物図鑑」より
挿絵は著者本人によるもの

鰯

これ、なんだか判んないでしょう？　これはね、鰯《いわし》を三枚におろす機械なんです。この機械を、私は、広島の「ナンマンヤ」のお婆さんから貰ったんです。広島の人人はね、鰯のことを「ナンマンエー」とか「ナンマンショー」とかいうんですね。で、鰯を売るお婆さんは「ナンマンヤ」なんです。つまり、「ナンマンヤ」のお婆さんは、多分、「ナンマンエー」「ナンマンショー」って、売り声をあげて鰯を売りにくるんでしょうね。「ナンマンエー」っていうのは、つまり「生まだよ」ってことなんでしょう。で、まあ、このあいだ広島の繁華街歩いてたら、そういうお婆さんがいたわけよ。ね？　で、ちょっと覗《のぞ》いてみたら、実に大した鰯なんですよ、もう活きがよくてね。

で、私はそれを見た途端、急に鰯の刺し身が食いたくなってね、ふらふらっとこう並んじゃったわけ。ね？

で、こう、並んでたらさ、段段順番がきて、私の前のお客が二百円ばかり買ったわけよ。鰯をね？　で

「おばさん、これ刺し身にしてくれや」

とかいってるわけ。するとそのお婆さんがさ

「まあ、めんどくさいこといい出して、あんたが」

とか憎まれ口叩きながら、例の機械で鰯を三枚におろしてくれるわけよ。

ね？　で、見てるとさ、こらあ、気持ちのいいほど簡単にスイスイいくわけですよ。で、

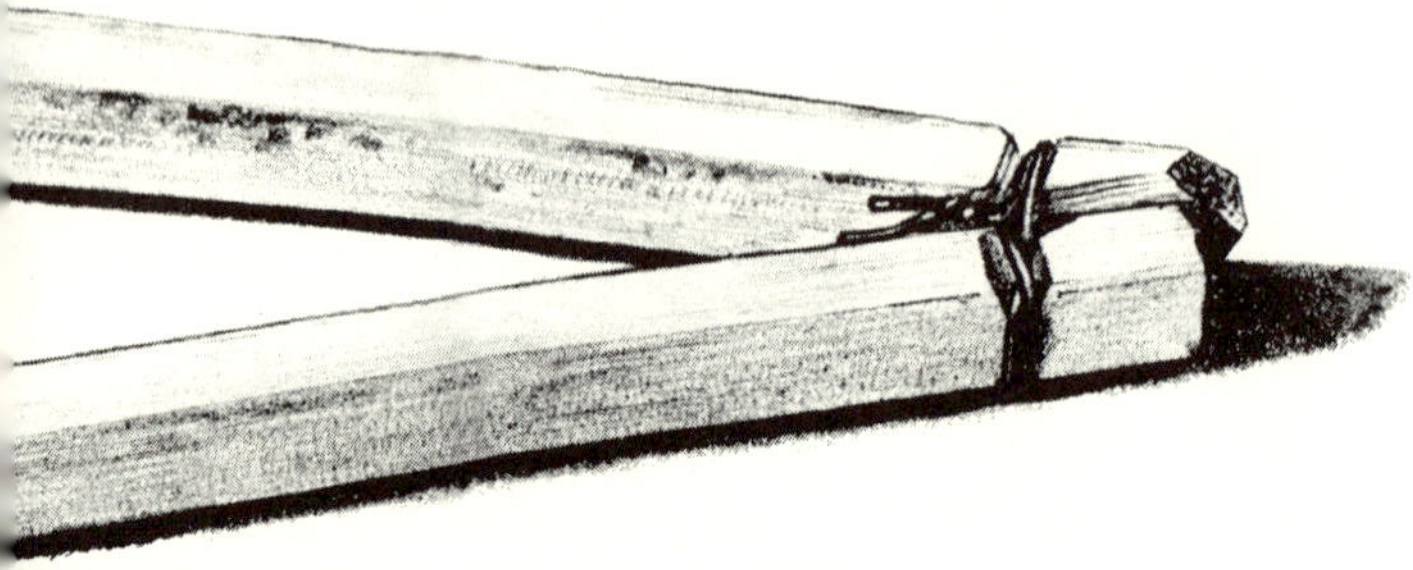

私は、絶対自分でやってみたいなと思ったわけ。で、私の順番になったからね
「おばさん、わしには丸太でくれや」

っていったわけよ。丸太ってのは丸ごとのことね。

「どうするんか？」

「どうするんかて、刺し身にするんよ」

「あんたできるんか？」

「それ貸してくれや。あした返す」

っていったわけね。

そしたらさ、お婆さんが
「そんなもん、やる」

っていうんだよ。

「ほいじゃが、それを持って帰って、で

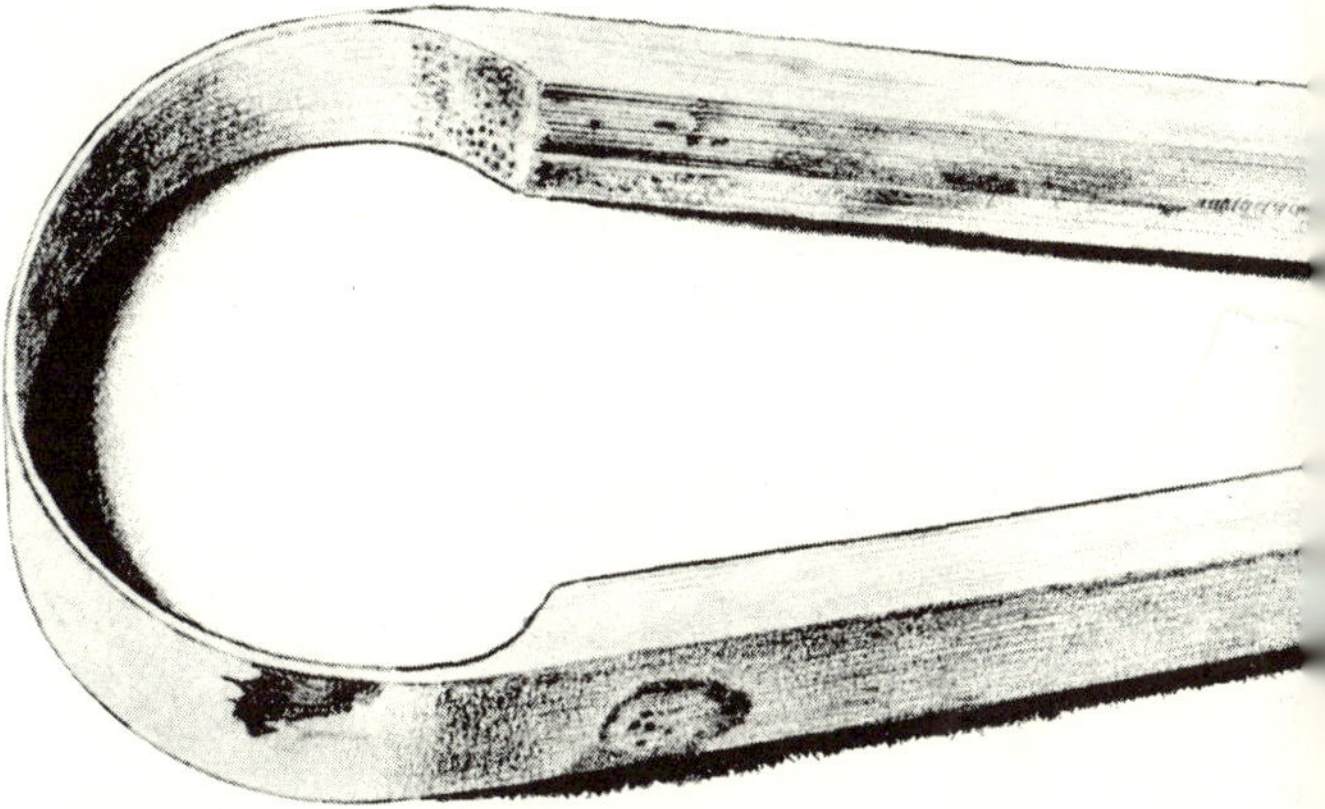

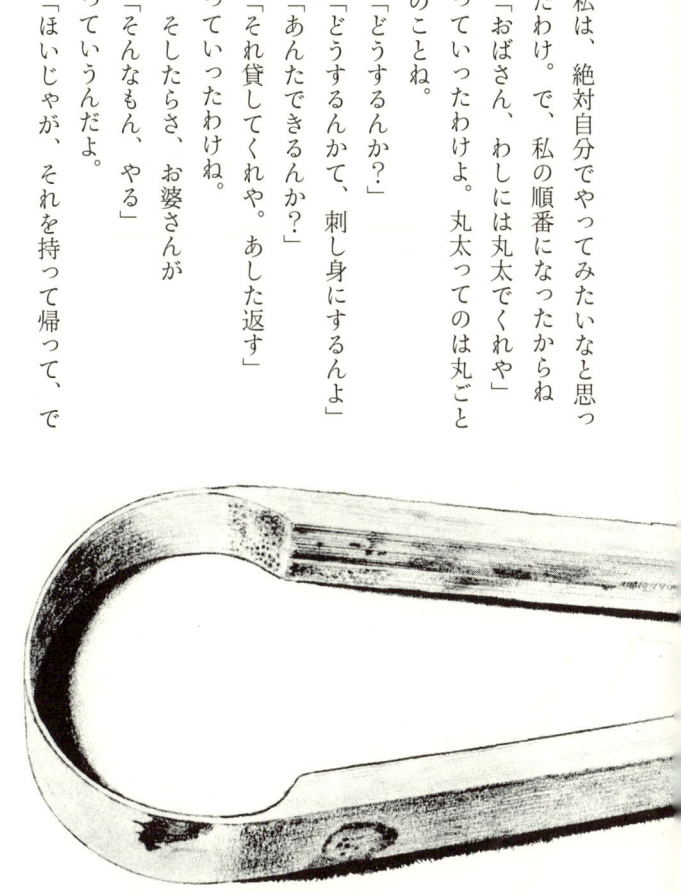

きんけんいうて持って来ても絶対せんよ」
っていうわけ。で、まあ、一匹やってみいや、っていうことになって、やって
みたらね、やっぱりこの機械はなかなかよくできてるのね、なんていうことな
く、すいっと刺し身にできちゃうわけ。で
「あんたはうまい。なかなかできる」
なんてほめられちゃってね。で、まあ、ありがたく頂戴したわけよ。
で、まあ、宿へ帰って、台所借りて、鰯を全部三枚におろして、で、大きい
硝子の器に氷のぶっかきを一杯いれてね、で、その上に今おろした銀色の鰯を
山盛りに敷きつめてね、で、まあ、仲間と一緒に片っ端から、生薑《しょうが》醬油で競争
みたいにして食っちゃった。こりゃあ、うまかったねえ……

「私の博物図鑑」ミセス　一九七二年十月号

JUZO
13

ブーツ

小学校のころ 靴の事情ってのは ヒドかったなア。なにしろ 戦争中で 物のない
時分だもんだから、たまに母親と
町で靴を見かける ア！靴売ッテル！
っていうんで 買ってみると、革
だと見えた底が 実は ボール
紙で はいて 一時間 たたない
うちに ズタズタになってし
まった。なんてことが しょっ
ちゅうあったもんネ
戦後だって 中学三年の頃
までは――ぼくは当時テニスを
やってたんですが、ゴムの質が
悪くて テニス・シューズなんて
いうのは 一週間ともたないの。底
にすぐ穴があいちゃって。ぼくらは
マ、そんなふうだったんで、
ふだん たいがい 下駄で 過したもんです。
そして今――
今はどんな靴でも買えるんだけど
幼年期を下駄で過したぼくの
足は 恰好悪くて エレガントな
イタリーの靴なんか まるっきりダメ
なの。しかたないから ぼくはブーツばっ
かりはいてるわけ。「イギリスじゃみ
んなブーツだもんネ これがホントの
お洒落」などといいながら……

この巨大な靴こそ ほんとに
ぼくの足にふさわしい靴だ!
Bataという有名な靴
屋の製品。アフリカへ
行った時ナイロビの
猛獣狩り用品専門
の店で買った。
ロケーションでドロドロ
のとこなんか行くのに絶
対の外国製地下タビ。
町ではいてもすごい迫
力があるかも。色はバ
ッタの緑色
隣のページ上の段は
青山の細野という靴
屋のブーツ。右はぼくの
左は女房の。(女房
の足は実にいい形なの
です)
下の段 右はハッシュパピイ
のブーツ。全然形がくずれな
いままで古びて行くところは
サスガです
左は 又も女房のブーツ
イギリスのモーランドという革
皮製品専門の店の作品

「のぞきめがね」ミセス　一九七一年二月号

バッグ

男にハンドバッグがないのは不公平だと常々思っていたところ、世の中は、思いもかけず私にとって都合のよい方に変化して、突如ヒッピースタイルというものが出現し、男でも様々なバッグを持ってよい規則になったから、私は胸をときめかせてバッグを買いに出かけた。

ここにスケッチしたのがそのバッグでありましてこれはアメリカ陸軍の野戦用のズックのバッグ、というか、袋、であります。飴屋横丁《アメヨコ》で五百円くらいだったかな、安い上に、これはまず絶対に壊れない。なにしろ、現にヴェトナムで使用している軍用品なんだからね、簡単に破れたり壊れたりするようじゃ使いものにならぬ。

まあ、概して軍用品というものは、いろいろとよ

くできているもので、たとえばこのバッグも、袋を横切って細い布のベルトがついておりましょう？　あれはね、絵の左っ側の方を一旦外しましてね、それから、ベルトを右の方へ引き抜くんです。で、それをぐるりと腰のまわりにまわして元のところへ止めるんですね。

するとどうなるか？　バッグが腰にぴったりくっつくから、走っても袋がぶらぶらせずぐあいがいいんです。まあ、それやこれやでなかなかよくできている。

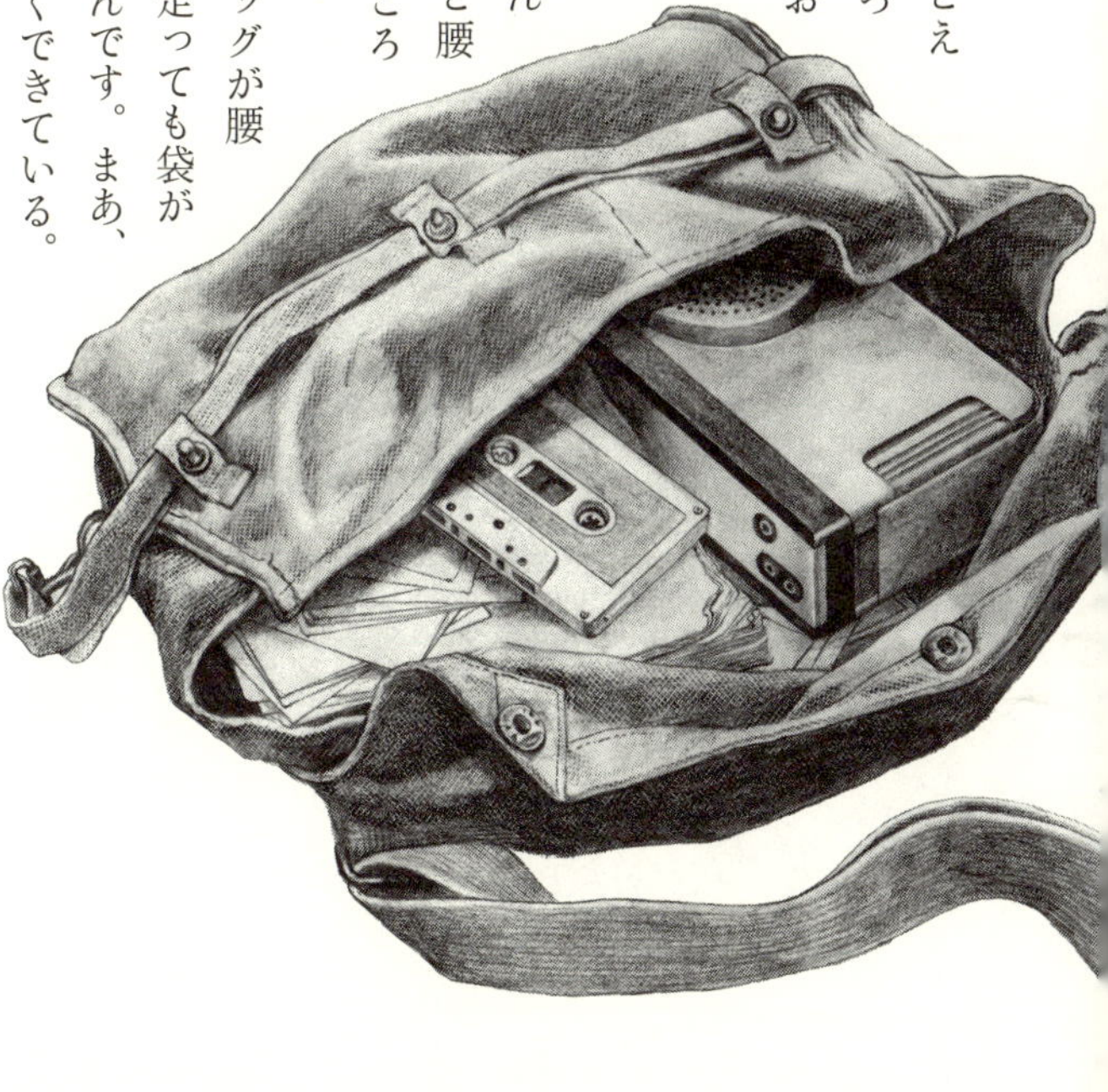

ふたをパチンパチンと止める金具なんかも壊れそうでいて決して壊れない。

現在、私はこの袋をどこへ行くにも持ち歩いております。中身は、インタビューをすることが多いので小型のカセット・テープレコーダー、及び当然録音用のカセット、それに、音楽がはいって売っているカセットも持ち歩いています。今はサイモンとガーファンクルが二つばかりはいっています。

あとは大型のメモ帳と、名刺が二百枚くらい。ただし、名刺は、なんにも印刷してない、真っ白の名刺です。これはメモに使うと驚異的に便利なのです。一枚に一項目だけメモした名刺で、袋の中はいつもごったがえしています。

メモに紛れて、美人の電話番号などもちらほらはいっています。女房はそれをこっそり調べているらしい。私はちゃんと知っているのです。


「のぞきめがね」ミセス　一九七一年十月号

急須

前前から急須の好いのが欲しくて、古道具屋の店先を通るたびに物色するのだが、なかなか巡り会わぬ。

そもそも、急須というものを、古道具屋で見かけること自体、非常に少ないのである。

多分、急須というものの性格から考えて、日常多用されるために、あらかた壊れてしまうのででもあろうか。それに、なんといっても煎茶の歴史というものが、抹茶に比べてごくごく短い。われわれ日本人は、もう何千年もお茶を飲み続けてきたような顔をしているが、煎茶が日本の一般大衆に普及したのは、永谷宗七郎という人が〃湯蒸しの法〃というものを発明して以来のことであるから、十八世紀も後半に属するのである。

つまり、煎茶の歴史などというものは、たかだか二百年にしかならぬ計算で、急須の歴史また然り。

急須は、そもそも中国の、酒を温める器具であったのが、日本に伝来して煎茶器に転用されるようになった。鹿児島へ行くと、黒ジョカといって、焼酎を温めるための、急須状のものがあるが、つまり、本来はああいった性格のものであったと思われる。

ところで、それにしてもわれわれ日本人はなぜ、かくも茶を飲むのか。

この事は明治時代に来日した外国人たちにとって大いなる不思議であったらしく、たとえばモースはそれをこんなふうに説明している。

つまり、日本においては、米や野菜を作るにあたって人糞を肥料にする。この人糞は田や畑から川や地下水に浸入して、それを汚染する。

したがって、日本においては、なま水を飲んで病気になる危険が、欧米諸国よりもはるかに多いから、それを何世紀もの経験によって知っている日本人は、水を、できる限り煮沸してから用いるようになった。茶というのも、その工夫の一つである、というのである。いかにも外国人らしい突飛な着想であるが、案外的を得ているのかも知れぬ。

絵は、私が現在使用している黄銅製の急須である。金属であるから壊れずに残ったものであろう。江戸時代も後期のものらしい。多分ペルリが来たころのものだろう、と、私はかってに決めこんで、朝な夕な、この急須で茶をいれては飲んでいる。

「私の博物図鑑」ミセス　一九七二年六月号

扇子

扇子を持ち歩いたり、弄《いじ》くりまわしたりするためには、やはりそれ相応の身なりというものがあるわけで、極言するならば、扇子を使うためには、扇子に合わせて自分を身繕うことが肝要となってくる。

たとえば、扇子を持つためには、まず第一番に床屋へ行くのが手順であろう。髪は刈り上げて七三に分け、ポマードをつけて清げに梳《くしけず》る。首筋に白い天花粉のあとを残したまま帰宅して、さて、ここで初めて扇子用の服装に着がえるという段取りになるのであるが、この稿においては洋服の場合のみを論ずることにしよう。

まず下着はキャラコのパンツ、あるいは莫大小《メリヤス》のさるまた、それにステテコと縮みの襯衣を着用したい。

上に着るのはワイシャツでも開襟《かいきん》シャツでもよいが、いずれにしても純白で、よく糊《のり》の利《き》いたものを用意し、シャツの裾《すそ》は正しくズボンの中に納めねばならぬ。

ズボンは幅広く、かつ裾に折返しのあるものを使用するが、特に注意したいのはベルトの位置である。ベルトがズボンの上端ぎりぎりのところを通るのは好もしくない。

やはりベルトの位置は、ズボンの上辺から五センチないし十センチ下がったあたりを通るのがゆかしいのであって、かくあってこそ、はじめて、ベルトを締めたとき、ズボンの上部が巾着《きんちゃく》のようなひだを作るのである。

さて、かくのごとき理想のズボンが得られたなら、扇子は、その尻《しり》のポケットに格納するのが通例であろう。

以降、随時引き出して、省線電車の中や、市役所の待合い室などにおいて存分に活用されるがよいと思う。

次に、開襟シャツよりやや改まって、夏物の背広上下を着る場合であるが、背広は古色蒼然《そうぜん》として、なおかついっさい特色のないことが望ましい。生地はねずみの霜降りがよかろう。

ポケットに匂《にお》い袋を忍ばせ、ほのかに香の匂いを漂わせながら表へ出る。匂い袋がない場合は樟脳《しょうのう》の匂いでも線香の匂いでもよい。要するに、多少陰気な、年寄りじみた匂いを漂わせながら表へ出て、日向《ひなた》の道をそろそろと歩く。

できうることなら、ベージュか薄茶色の絹の日傘を持つ。更に事情が許すなら、靴の色はグレイと行きたい。

その上で行きずりのそば屋にはいり、注文したもりを待つ間、空《くう》をにらんでゆるやかに扇子を使うのである。

もう少し矍鑠《かくしゃく》たる趣を求めるなら、赤銅色《しゃくどういろ》に陽やけした顔に、白い麻の上下、白靴を履いて白いヘルメットをかぶるという方法があるが、これは頭が完全にはげていることが絶対の条件になる。

クアラルンプールかプノンペンあたりの飛行場で、日本からの客を迎えに行って、税関吏と現地語で交渉しながら忙《せわ》しげに扇子を使う。時々片手でヘル

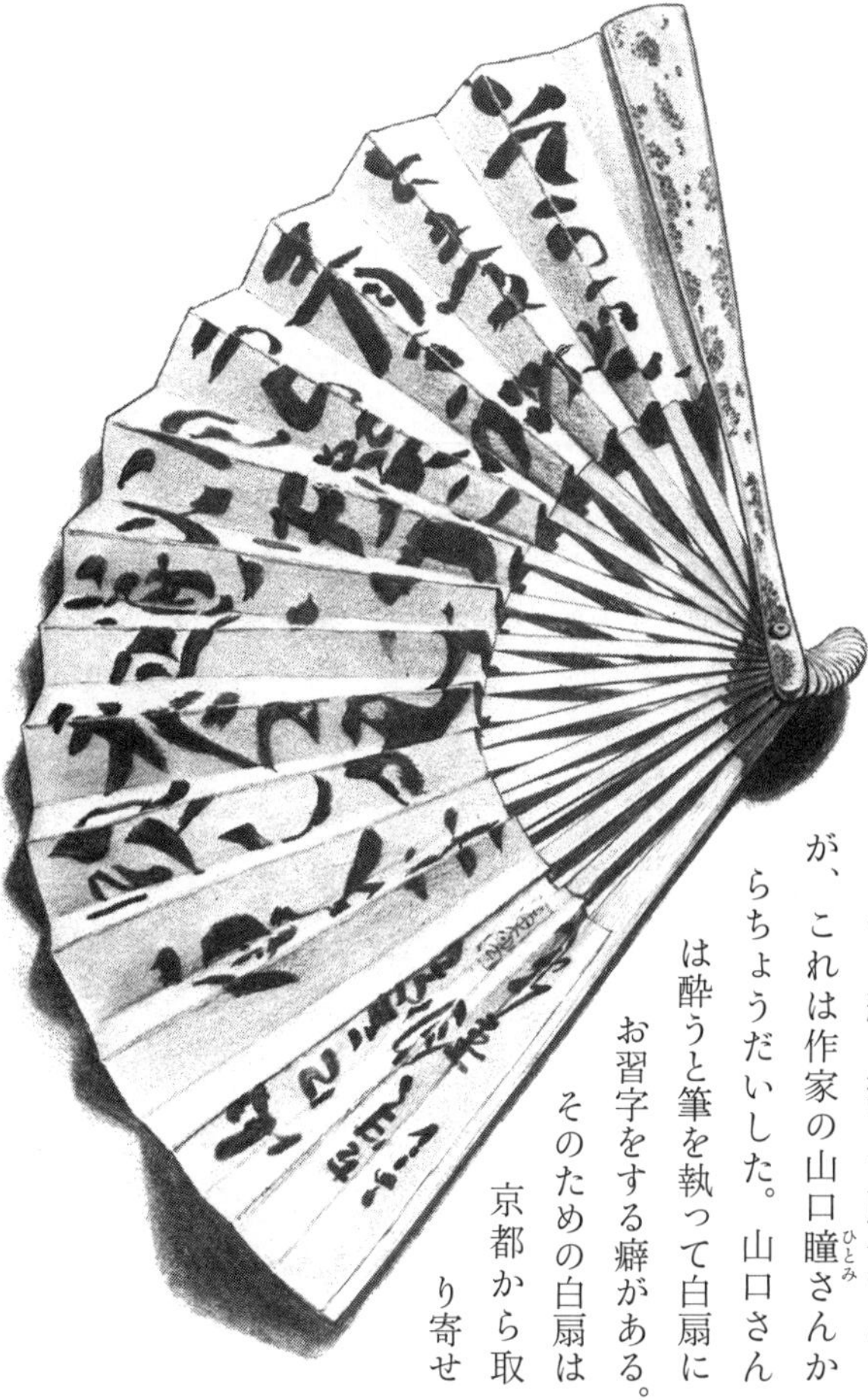

メットを持ち上げては、大判の麻のハンカチではげ頭の汗を拭《ぬぐ》う……。

さて、絵に描いた扇子であるが、これは作家の山口瞳《ひとみ》さんからちょうだいした。山口さんは酔うと筆を執って白扇にお習字をする癖がある。そのための白扇は京都から取り寄せるという。

「そら豆と麦の青きがうち続く畑中の道を春の風吹く」

これは山口さんの奥さんの少女時代の作である。結婚前のある早春、少年だった山口さんは友人の別荘を借りて、少女であった奥さんを伴った。これは、この少女の眼に映じた別荘付近の情景である。

「君と共に一夜過しし畑中の家を再び訪《と》はざらめやは」

というのもある。なんとも初初《ういうい》しい。

山口さんは、歌を書きおえると、ちょっと考えてから「夏子」と署名し「どうもこりゃ妙なもんですねえ」といってしばらく扇をにらんでいたが、やがて「山口瞳謹書」とつけ加えて印を押した。

この白扇は百五十円くらいのものらしい。

「のぞきめがね」ミセス　一九七一年九月号

目玉焼の正しい食べ方

目玉焼というのはどうも食べにくい料理である。正式にはどうやって食べるものなのか。こうだ、という自信のある人にかつてお目にかかったことがない。

どう考えても正式でなさそうな食べ方の第一に、白身から食べるやり方がある。まわりの白身をどんどん切りとって食べてしまう。最後に黄身だけが丸く残る。こいつを、右手に持ちかえたフォークでそろりそろりと口に運ぶ。これは見ているほうがはらはらしてしまうし、第一、フォークを右手に持ったりするところが、どうにも怪し気な感じだ。それに、黄身だけを大事そうに最後まで残されると、ホラ、子供がおいしいものを一番最後に食べる、あの感じになってしまう。ははあ、この人は子供の頃から目玉焼を食べる時には黄身だけを最後まで残してたんだな、そうしてついにそれを脱却しなかった人だな、という気がしてしまう。

おいしいものだからこそ、一番おなかのすいている最初に食べるべきだ、という考えをおこした友人があった。この食べ方も一見して邪道とわかる。目玉焼を見るなり、彼は皿に口を近づけて、真ん中の黄身をぺろりと吸いとってしまうのですが、こんなことが人前で許さるべきものではありません。

となると、残る方法はただ一つ。大事な黄身を、涙をのんで壊してしまうやり方である。流れ出した黄身を、いわばソースにして白身を食べる、というやり方である。穏健でもあり、常識的でもあり、かつ味覚的にも悪くないと思うのであるが、おもしろみがないうえに、食べ終った皿が黄身だらけで、まことに見苦しく、つい、パンかなにかで綺麗《きれい》に拭《ふ》きとりたくなってしまう。実際問題としてもったいない食べ方であって、やはり完全な方法ではありますまい。

例の友人は、最近では、白身を黄身の上にうまくたたみこんで、目玉焼一個を一口で食べる方法を考えているらしいが、これもあまり期待できそうにないのであって、目玉焼というものは、つまりそれほどまでに、なかなか食べにくいものなのであります。

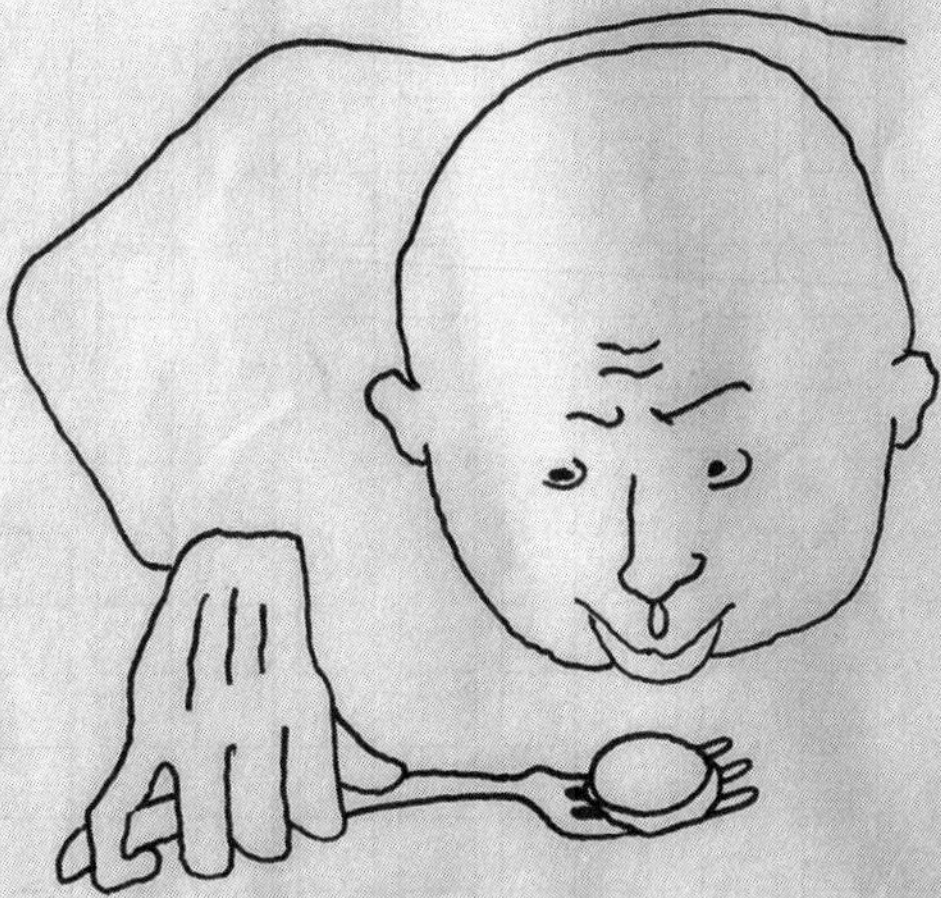

参考までに私の用いている方法をいおうか。これは非常にインテリ臭い食べ方である。すなわち、この文章と同じようなことを、喋《しゃべ》りながら実演すればよいのだ。

「ネ、こうやってさ、白身から食べる人がいるけど、あれはやだねえ。こんなふうに黄身だけ残しちゃってさ、それを大事そうに最後に食べるんでやがんの。ホラ、こんな具合い！」

『女たちよ！』一九六八年

八
七

ヴァイオリン奏法
DIE KUNST DES VIOLINSPIELS
Violino principale

最終楽章

その日わたくしは縁側に寝そべって、例の、手で捩子《ねじ》を巻く仕掛けの蓄音器で「クロイッツェル・ソナタ」を聴きながらランボーの詩集を読んでいた。

夏の盛りには、時間はほとんど停止してしまう。たぶん一年の真中まで漕《こ》ぎ出してしまって、もう行くことも帰ることもできないのだろう、とわたくしは思っていた。あとで発見したのであるが、人生にも夏のような時期があるものです。

放浪のピアノ弾きはわたくしに向って、

「チボーとコルトーだね。」

といった。そうして詩集をちらと見て、

「おや、村上菊一郎先生だ。」

といい当てた。

こんなふうに、興味がいきなり演奏家や訳者にむかうということが、わたくしにはいかにも高級なことのように思えたが、つまりこれが演奏家の神経というものなのだろう。その後ピアノ弾きとわたくしは、よく口笛を吹いたが、彼の口笛はわれわれの口笛とはまったく異っていた。決して口笛がうまいというのではないが、たとえばピアノ、フォルテが非常に鮮明なのである。なるほど、これは演奏家の神経というものだろう。

ピアノ弾きは、わたくしのランボー詩集の表紙が大変くたびれているのを見て、ハトロン紙でカヴァを作ってくれた。彼のカヴァの作り方は、本を拡《ひろ》げた面積の二倍の分量の紙を必要とするのであったが、そのカヴァにすっぽりと包まれたランボー詩集はいかにも居心地がよさそうに見えたのである。

おしなべて、こういう作業ほど多感な少年の心を捉《とら》えるものはない。わたくしは彼に下宿を提供することを決心した。

ピアノ弾きのいうには、当今若い演奏家は必ず東京でデビューしてから地方を演奏して廻るのだが、自分としては無名の状態で地方を演奏して歩き、あらゆる失敗を経験してから東京で演奏会を開きたいのだ、というのである。この考え方にはいかにも一理あるように思われた。

また、彼は今二つの女学校から演奏会の注文がある、ともいった。わたくしたちはピアノのある下宿を見つけてそれまで下宿していたお寺を出た。

規則正しい生活が始った。午前九時から、午後三時まで彼はピアノを弾く。曲目は、シューマンの「謝肉祭」「パピヨン」、バッハの「フランス組曲六番」「イタリヤ協奏曲」、それにショパンのいくつかのバラードやワルツである。

彼がピアノを弾く間、わたくしは勉強したり本を読んだり、彼のために紅茶を淹《い》れたりした。

窓の外の樹《き》の繁《しげ》みに、強い夏の日が照り映えて、本もノートも緑色の斑《まだ》らに染まるかと思われた。練習が終ると、わたくしたちは電車に乗って夕方の海へ泳ぎに出かけた。黒い岩だらけの、人気のない海にボートを浮かべて、虹《にじ》色に黄昏《たそが》れてくる大気の中で、わたくしたちはショーソーンの「月の光」を唄うのであった。

　そのうち、わたくしは演奏というものがわかり始めている自分に気がついた。つまり、いい演奏と悪い演奏ということがいつの間にかわかるようになっていることを発見したのである。だから、わたくしは生意気にも時々ピアノ弾きにいってみた。

「今のフランス組曲はどうもおかしいぞ。もしかすると今日は歯が痛いんじゃないか。」

　すると、ピアノ弾きは、いかにも歯が痛くて堪らぬ、という振りをしてくれたので、わたくしは、ますます自信を深めるのであった。

　やがて夏休みが終って演奏会が開かれた。ピアノ弾きは女学校の講堂で満員の女学生にむかってこんなことをいった。

「バッハの書いた譜面には、ピアノとかフォルテの指定がありません。だから、ぼくはバッハをなだらかに均等に弾くことをしてみようと思う。バッハの音楽はピアノやフォルテではなくて、音の明暗、というか、なんというのかね、音がつぼんで閉じていったり、また明るく開けてきたり、そういうものなんじゃないかな。」

そうして、彼は「フランス組曲六番」を弾き始めた。

アンコールにはモーツァルトのケッヒェル三三一番のソナタのアレグレットを弾いた。これは俗に「トルコ行進曲」として誰もが知っている曲であったから、彼がミス・タッチをすると、女学生の聴衆は「ありゃ？ 今のはミス・タッチじゃろがね」などとささやきあった。

夏の終りとともにピアノ弾きは去って行った。洋装店を経営する初老の婦人から求婚されたので彼は逃げ出してしまった。しばらくは生活が光を失った、と思われた。

ピアノ弾きは一向デビューしなかった。十年ばかり経《た》ってわたくしが結婚する時、彼は式場にやって来て、「フランス組曲六番」を弾いてくれた。彼は今創価学会の幹部になっている。

　その頃、町にアメリカ文化センターというものがあった。アメリカの図書やレコードを無料で貸し出してくれる。わたくしはバッハ気違いの友人と二人で、気に入ったレコードを数十枚一挙に借り出してしまった。期限は七日間であったが、七日目ごとに返しにいって、その場でまた借り出してしまうから、これらの数十枚のレコードはわたくしがこの町を去るまでの二年間、常に手もとにあったのである。

　このコレクションは今考えても相当水準の高いものであったと思う。たとえば、オペラでいうなら、ジャン・ピアース（テナー）、レオナルド・ワーレン（バス・バリトン）の「フォルツァ・デル・デスティーノ」（運命の力）があった。わたくしは、いまだにこの曲がイタリー・オペラの中の最高傑作であり、彼らの演奏が最上の演奏であると信じている。

　尤《もっと》も、このレコードには欠陥があった。すなわち録音がよすぎたので、レオナルド・ワーレンが最大限に声を出すと、サウンド・ボックスの金属箔《はく》の共鳴板が破れるという不都合があった。

そのたびに、われわれはレコード屋まで自転車を走らさねばならなかったが、われわれは田圃《たんぼ》道を走りながらも「やっぱりワーレンは偉いやつだ。またサウンド・ボックスを壊した。」と興奮して語りあった。

バッハ気違いの友人は蓄音器を持たなかったから時を撰《えら》ばずにわたくしの下宿に出現してレコードをかけるのであった。

ある日、わたくしがうたた寝をしていると夢の中でいとも精妙な弦楽の響きが聴こえてくる。これはまさしく天上の音楽である、とわたくしは思った。枕《まくら》もとにバッハ気違いが坐《すわ》りこんでバッハを聴いていたのである。わたくしが目を醒《さ》ましたのを見ると、彼は、その長い指で蓄音機を軽く叩《たた》いて拍子をとりながら「やあ」といった。

シャコンヌの中のアルペジオが今や高く高く鳴りわたり、窓辺には、彼の持ってきたらしい百合《ゆり》の花が、化学実験に使うフラスコに挿して活《い》けてあった。

窓の外の空はあくまでも澄み、透きとおった風が部屋一杯に渦巻いていた。

あの日バッハ気違いは一つの報告を齎《もた》らした。すなわち、彼に一人の弟がある。弟は中学生で趣味は切手の蒐集《しゅうしゅう》である。弟は今度蒐集した切手を売り払って、一梃《ちょう》のヴァイオリンを仕入れてきた、というのである。

弟はヴァイオリニストになる、といっている——彼はいかにも軽蔑《けいべつ》したという調子でいったが、全部が彼の差し金であったのは見え透いていた。

一月ばかりしていってみると弟は「キラキラ星変奏曲」というのを弾いていた。そうして更に半歳《とし》ばかりしていってみると、弟は、われわれの請《こ》いに応じて、バッハの「無伴奏ヴァイオリン奏鳴曲」の中から、たとえば二番のパルティタのアルマンドとかジーグとかを事もなげに弾いてみせたのである。

音程も余程正確であったし、弟の態度そのものにも、すでにヴァイオリンを扱い馴《な》れた人らしい決然たる趣きが窺われた。

わたくしが、その地を去る少し前、最後に彼のうちを訪れた時、わたくしが彼のうちの近くにさしかかると、夏の午下《ひるさが》りの白い砂埃《すなぼこ》りを蹴立《けた》てて、一群の薄穢《うすぎたな》い子供たちが走り過ぎた。わたくしは、その時の情景を生涯忘れることはできないだろう。走ってゆく子供たちが、一斉に、大声を張り上げて、バッハの「ヴァイオリン協奏曲ホ長調」を合唱したのである。弟の部屋は道に面していた。

東京に住むようになってからしばらくして、わたくしはふとした機会に思い立ってヴァイオリンを習い始めた。二十一歳であった。

嘗《かつ》てバッハ気違いの弟が弾いてくれたアルマンドやジーグは半歳くらいで弾けるようになった。毎日、四時間も五時間も弾いた。それが二年くらい続いた。わたくしは自分の生涯の余暇を悉《ことごと》くヴァイオリンに捧《ささ》げても惜しくない、と真剣に考えた。

わたくしは何人かの教師を渡り歩いたが、やはり最大の教師は、カール・フレッシュの「ヴァイオリン奏法全四巻」であった。この本にめぐりあっただけでも、わたくしはヴァイオリンを習った甲斐《かい》があると思っている。

この本によって、わたくしは論理的な物の考え方というものを学んだ。自分の欠点を分析してそれを単純な要素に分解し、その単純な要素を単純な練習方法で矯正する技術を学んだのである。どんな疑問が起きようと、答は必ずカール・フレッシュの中に見出《みいだ》すことができた。現実の教師たちはあまり役に立たなかったようである。

カール・フレッシュによれば悪い教師にはいくつかのタイプがあるという。その幾つかを挙げてみるなら、

一、自制心のない怒鳴る癖のある教師。

生徒の犯すすべての過《あやま》ちは彼を爆発させる。そして彼は「直ちに」その誤りを直すことを生徒に要求する。従って曲全体が演奏されることは決してない。生徒は教師に倦《あ》きがきて、しまいには叱《しか》られることを仕方がないと考え、何とも感じなくなる。

一、自分はもともと独奏家であると感じ、ヴァイオリンを教えると自分の練習の損をすると感じる教師。

「私が弾いてみせましょう」というタイプの人である。口で説明するかわりに自分で弾いて見せる。これは、一つには精神的貧困のためであり、一つには自分が失った練習時間を少しでも取り戻そうとするためである。

一、生徒とユニゾンで弾く教師。

彼は二つの音の重なりあった唸《うな》りを聴くに過ぎない。そして、一体どちらが調子外れで弾いているか、彼にはわからないのである。

一、怠慢な教師。

常に授業に遅れてくる。授業中、路上の出来事に気をとられたり、新聞を読んだりする。また授業に関係の無い話題を持ち出したりして煩《わずら》わしい授業時間を自分にとって少しでも楽しくしようとする。

等々であって、わたくしの教師たちはこれらのいずれか、あるいは全部に当てはまったのであった。

ところで、ヴァイオリンというのは実に不愉快な楽器である。弾いていて愉《たの》しいということはほとんどありえない。ヴァイオリンを弾くということは、不正確な音程、穢《きたな》い音、不正確なテンポ、即《すなわ》ち不快感との絶え間のない戦いである。この不快感は、技術が進歩して、耳が敏感になってくると一層増大するからしまつが悪いのである。

でも、わたくしは声を大にしていおう。楽器というものは愉しいものである、と。そうして楽器というものは三、四歳の頃から習い始めなければならない、というのは最も悪質なデマである、と。職業的演奏家を志すのならいざ知らず、自分で愉しむ程度のことなら何歳になってからでも遅くはないのだ。

それからまた、わたくしは、楽譜が読めないから楽器が習えないと信じている人にもいいたい。一体三つや四つで楽器を始める子供たちに、あらかじめ楽譜を読む能力がそなわっているものだろうか。楽譜の読める読めないなぞ何の障害にもなりはしないのだ。二、三カ月もすれば指が勝手に楽譜を読むようになってくれるものなのです。

深く楽器を愛する心と、そうして根気を持った人なら何の躊躇《ためら》うことがあろうか。思うに楽器とはその人の終生の友である。決して裏切ることのない友である。わたくしは心の底からそのように感じるのであります。

そろそろバッハ気違いの友人の弟が訪ねてくる頃である。彼は今、あるオーケストラで第二ヴァイオリンを弾いている。われわれはバッハの「二つのヴァイオリンのための協奏曲」を奏《かな》でて、しばし幽玄の世界を逍遥《しょうよう》しようと試みるつもりでいる。

『ヨーロッパ退屈日記』一九六五年

Saw a fair-sized trout here today

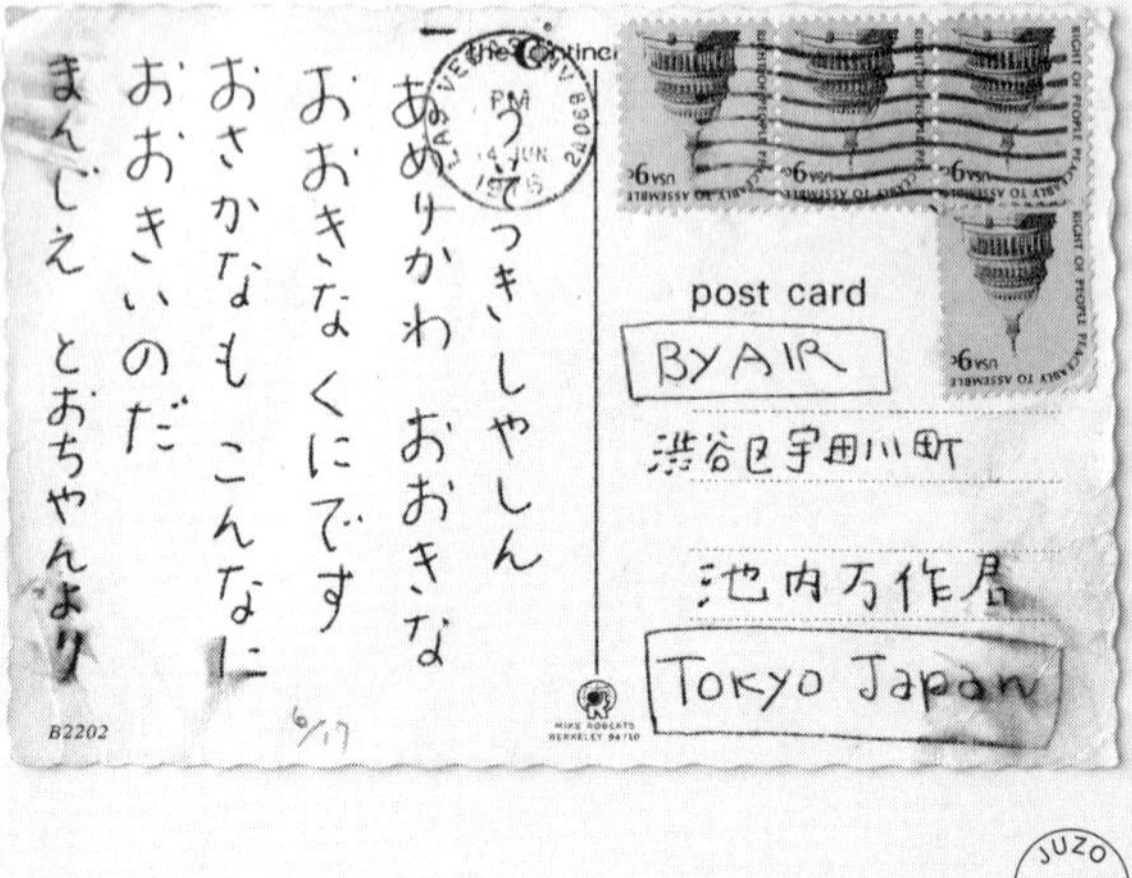
うでつきしやしん
ーあめりかわ　おおきな
おおきなくにです
おさかなも　こんなに
おおきいのだ
まんじえ　とおちゃんより
B2202
6/17
PM
4 JUN
post card
BY AIR
渋谷区宇田川町
池内万作君
Tokyo Japan
MIKE ROBERTS
BERKELEY 94710

父と子

家の戸口のところで子供がいい争っているのが聞える。うちの子が二歳ばかり年上のヒロシに抗議しているらしい。

「ボクはね、オマエとね、遊んでもいいけどね、一つね、いいたいことがあるんだからね」

「へエー、なんだよ」

「あのね、オマエがね、ボクにね、あれをしろ、これをしろって、どんどん命令するだろ、あれはね、ボクはね、もう絶対いやなんだからね」

「わかったよ、そんなこと」

「ほんとにいやなんだからね。どんどん命令されると、ほんとに不愉快なんだからね」

「わかったってばさあ」

「ボクはね、オマエの家来じゃないんだからね」

「わかったよオ、もう。早く遊ぼうぜ」

話がついたらしく、やがて二人の遊ぶ声が透きとおって響き始めた。


先日テレビで「無法松の一生」という映画を見た。この映画の脚本を書いたのは、私の父、伊丹万作である。この映画を見るのは二度目であった。この映画が封切られた昭和十八年、小学校四年生だった私は母に連れられて映画館でこれを見ている。

今でも鮮かに憶えているが、私はこの映画に関して三つの点で不満であった。「松五郎が少年時代を回想するところで、現在の台詞《せりふ》から過去の映像に切り換るところが、木に竹を継いだようで不様である。松五郎少年が夜道に怯《おび》えるところの枯木の芸術写真みたいな映像、及び、ラスト近くの、松五郎の死を暗示するイメージ・ショットの積み重ねが、ともに貧しくて、力がない。特に人力俥の車輪が廻るいくつものカットが薄くて寒寒しい。ついでに月形龍之介の若親分も妙に青っぽくて不自然であった」

大人の言葉でいえば、そんなことであったと思う。小学校四年生の私は、父の口述するシナリオを筆記することもあったし、当然のことながら予《あらかじ》めシナリオを何度も読んでから映画を見ることになったのである。

以来、三十四年。

再び、同じ作品をテレビで見て思ったことは、少年時代の私の感想が、ことごとく正鵠《せいこく》を射ていた、ということである。

唯一の救いは、阪東妻三郎の、大らかで、かつ精妙な演技であった。演技も高度に完成されてくると、ほとんど技術的研鑽の痕跡すらとどめないということを改めて知らされるのであった。（ついでにいうと、全出演者が、演技の巧拙を問わず、濃厚に明治人的気配を醸《かも》し出していたのが、一種、予期せぬ効果として私を打った。つまり、全員、明治の顔をしているのである。その時代の大人の大半が明治生まれなのであるから、当然といえば当然なのだが、これには参った。今のわれわれにはもうあれはできない。いくつもの時代が大きく過ぎてしまっている——）

と——

いうようなこととは全然別に、私はこの映画を見て、いつしか坐り直していた。突然私は悟ったのである。「この映画は父の私に宛てた手紙であったのだ！」それがいきなり判ってしまった。

父は私が三歳の頃結核に斃《たお》れ、以来、敗戦直後、死ぬまで病床にあった。父の最大の心残りは、息子の私であったろうと、今にして思う。自ら育てようにも、結核は伝染病である。子供を近づけることすら自制せねばならぬ。かといって自ら遠ざかるうち、子供は、あらまほしき状態から次第に逸脱してゆく。このじれったさはどんなものであったろう。

時時、それでもたまりかねて、父が私を呼ぶ。叱責するためである。

「意志が弱い」

「集中力がない」

「気が弱い」
「根気がない」
「グズである」
「ハキハキせよ」
「オッチョコチョイ」
「調子に乗るな」
「計画性がない」
「注意力が散漫である」

その父が、思いのすべてを托せる物語に出会った。「無法松の一生」である。一人の軍人が病死し、あとに美しい未亡人と幼い息子が残される。息子は、気が弱い。意志が弱い。グズである。ハキハキしない。注意力散漫である。

この息子に、男らしさを、勇気を、意志の強さを、喧嘩の仕方を教えてくれるのが松五郎であった。松五郎こそ、父の私に対する夢でなくしてなんであったろう。

そして今。

私は、伊丹万作、松五郎路線と、ほぼ反対の方向に子供を育てつつある自分を発見する。

私は子供を決めつけない。意志が弱い、気が弱い、グズだ、などという決めつけほど子供の心を傷つけるものはないことを身をもって知っているからである。「男らしい」という言葉は、私の家では使われない言葉である。

「男なら泣くな」

「女の子みたいだぞ」

こんな言葉も私の家では使われることはない。

「悲しければ泣けばいい。しかし、泣いたからといって誰かが同情してくれると思ったら大間違いだぞ。だから、おまえ、泣きたければ一人で泣きなさい」

というばかりである。

子供とヒロシの遊びは続いている。私はこっそり覗《のぞ》いてみる。さっき子供がいった「ボクはオマエの家来じゃないんだから」という台詞はなかなかのものであった、などと思いながら。

二人は庭にホースを伸ばして水遊びに余念がない。さっきの約束はどこへやら、ヒロシが次次に命令を下し、子供はまさに家来の如く奔走している。

「オイ、水とめろ!」

「ヨシ!」

「オイ、水出せ!」

「わかった!」

「水とめろ!」

「ヨシ!」

「とめろってばさ!」

私は、子供を呼んで訊《たず》ねてみる。

「お前、さっき、家来じゃないっていった割には随分命令されてるじゃないか」

「あのね、それはね、ヒロシがね、あんまりどんどん命令するからね、ボクは忙しくてね、命令するなっていう暇がないんだ」

子供は上気した顔でいうと、また水遊びに駆け戻る。

ああ、私もそろそろ、父が「無法松の一生」を書いた年齢にさしかかっている。

『女たちよ！男たちよ！子供たちよ！』一九七九年

伊丹十三の映画全チラシ

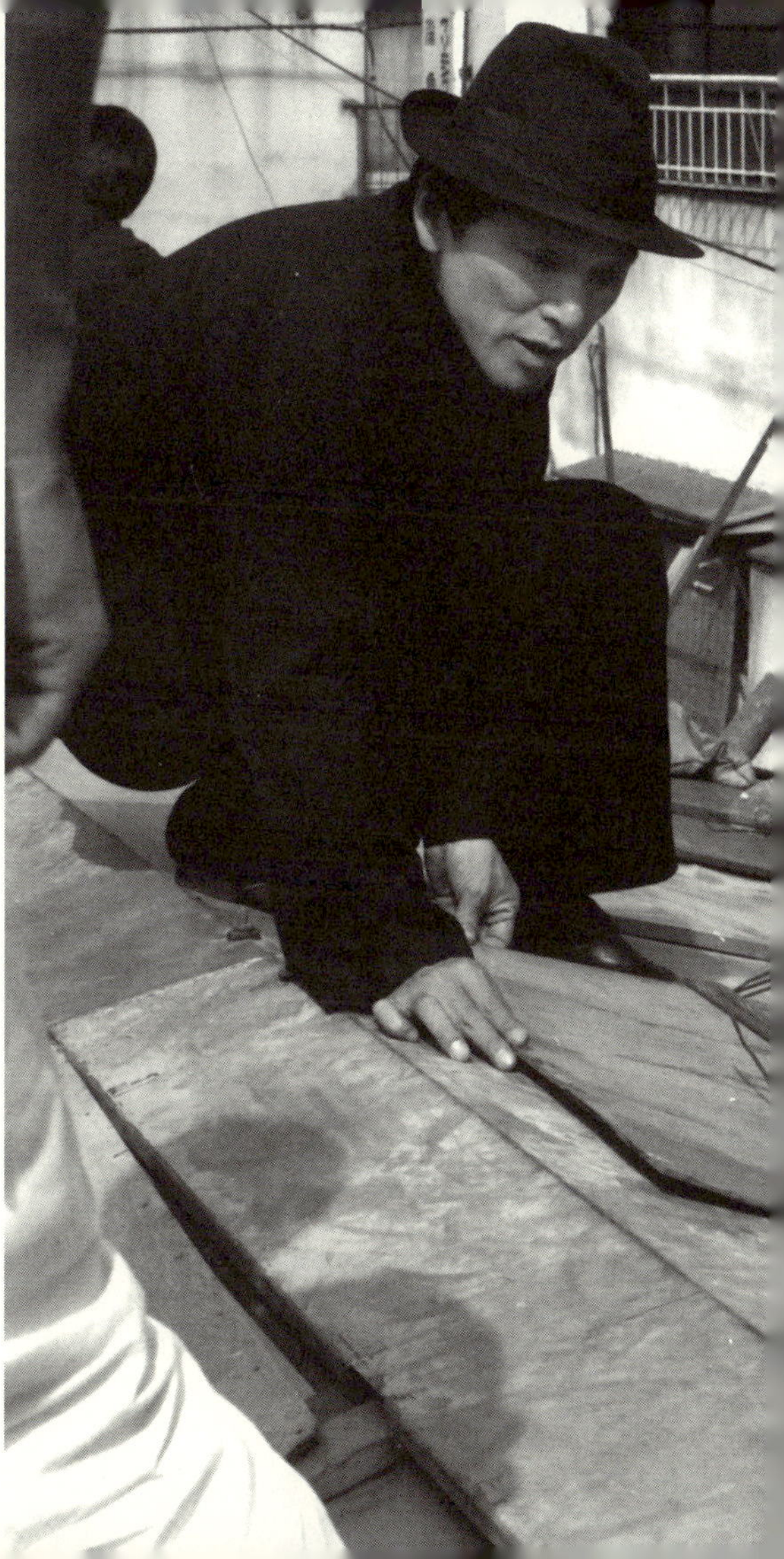

『お葬式』 一九八四年

私の目的はただ一つ。映画らしい映画を作りたい、ただそれだけです。この作品の中では、葬式というふるさとの儀式の中に突然投げこまれた都会人たちの滑稽にして悲惨な混乱ぶりを涙と笑いのうちに描きたい。幸い脚本は評判よく、また最高のキャスティング、最高のスタッフ編成ができたので監督としてはみんなの仕事ぶりをただ眺めていればよいのではないか。

『お葬式』チラシ裏面

お葬式
伊丹十三監督作品
山崎努
宮本信子
菅井きん
大滝秀治
財津一郎
江戸家猫八
奥村公延
友里千賀子
尾藤イサオ
岸部一徳
津村隆
横山道代
西川ひかる
海老名美どり
双葉弘子
関弘子
吉川満子
藤原釜足
田中春男
香川良介
佐野浅夫
関山耕司
左右田一平
加藤善博
金田明夫
利重剛
中村まり子
福原秀雄
津川雅彦
小林薫
高瀬春奈
笠智衆
製作＝玉置泰・岡田裕
プロデューサー＝細越省吾
脚本＝伊丹十三
撮影＝前田米造
照明＝加藤松作
録音＝信岡実
美術＝徳田博
音楽＝湯浅譲二
編集＝鈴木晄
助監督＝平山秀幸
笑いながら、あれ、なぜか涙が——

『タンポポ』一九八五年

私がラーメンを題材に選んだのはラーメンなら誰でも参加できるからです。ラーメンの話なら誰でも自分のこととして一と膝乗り出すことができるからです。そして、一と度観客が感情的に映画に参加してくれれば、私は映画の流れは観客に預け、自分は裏へ廻って自分の本当にやりたいこと、つまり映画らしい映画を作る、という遊びを遊ぶことができるのです。

——この映画で追求される映画らしさとはどのような映画らしさでしょうか

そうですね。一つには食べ物、あるいは食べることの官能性、もう一つは食べることにまつわるサスペンスですね。

『タンポポ』チラシ裏面

これはラーメン・ウエスタンだ！
タンポポ
ゴロー 山崎努
宮本信子
役所広司
渡辺謙
桜金造
安岡力也
加藤嘉
大滝秀治
大友柳太朗
津川雅彦
黒田福美
篠井世津子
洞口依子
鈴木美江
原泉
辻村真人
松井範雄
佐藤昇
高見映
野口元夫
嵯峨善兵
田中明夫
高橋長英
加藤賢崇
橋爪功
久保晶
MARIO ABE
高木均
井川比佐志
三田和代
中村伸郎
田武謙三
林成年
藤田敏八
北見唯一
柴田美保子
南麻衣子
岡田茉莉子
伊丹十三監督作品
製作 玉置泰・細越省吾 編集 鈴木晄
脚本 伊丹十三 音楽 村井邦彦
撮影 田村正毅 助監督 白山一城
照明 井上幸男 製作担当 川崎隆
録音 橋本文雄
美術 木村威夫 グラフィック・デザイン 佐村憲一
製作 伊丹プロダクション 制作 ニュー・センチュリー・プロデューサーズ 配給 東宝株式会社

『マルサの女』　一九八七年

なにしろ脱税する者と、それを暴く者との知能の限りを尽した映画ですからね。取材しないことにはセリフ一行も書けない。たとえば税務署の調査官が銀行へ調査に行ったらどんなやりとりになるのか、これ、想像では書けないでしょ？　この映画を僕は、一種のハードボイルドの探偵モノとして、とことんリアルに作ろうと思ったんです。

『マルサの女』チラシ裏面

伊丹プロダクション作品／ニュー・センチュリー・プロデューサーズ製作／配給＝東宝　198246-202

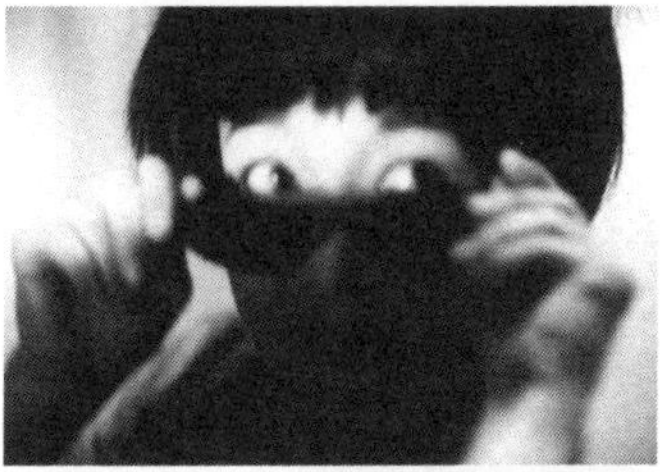

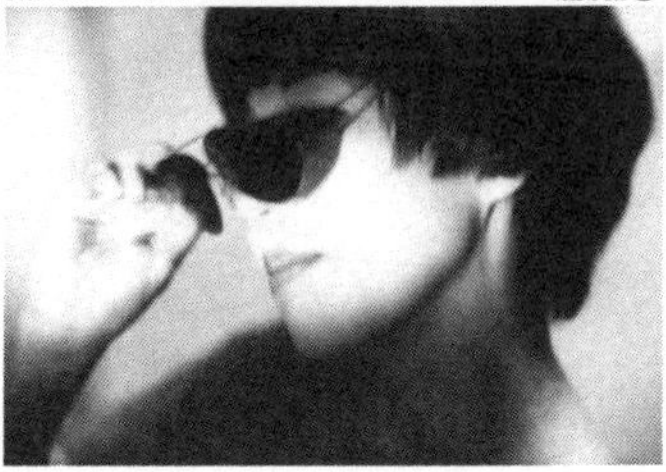

出演：宮本信子／山崎努／津川雅彦／志水季里子・松居一代・マッハ文朱／大滝秀治
室田日出男／大地康雄・麻生肇・桜金造／橋爪功・絵沢萠子・佐藤B作・高橋長英
伊東四朗／小沢栄太郎・嵯峨善兵・田中明夫／芦田伸介／小林桂樹／岡田茉莉子

監修＝磯邊律男(元国税庁査察官)／木場康治(バンガード編集主幹)／福田幸弘(元国税庁査察官)

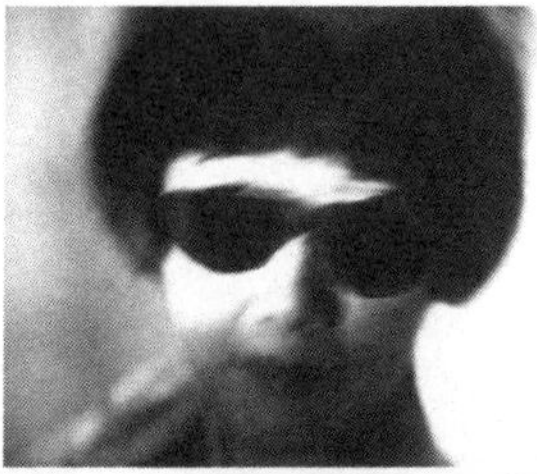

伊丹十三監督作品

製作＝玉置泰・細越省吾／撮影＝前田米造／照明＝桂昭夫／録音＝小野寺修／美術＝中村州志／編集＝鈴木晄／音楽＝本多俊之／音楽プロデューサー＝立川直樹／キャスティング＝笹岡幸三郎／グラフィック・デザイン＝佐村憲一／助監督＝白山一城／製作担当＝川崎隆／家具コーディネイト＝アピス株式会社　協力＝富士通　西友／HONDA／コクヨ／GALAMOND／三陽商会　オリジナル・サウンド・トラック　東芝EMI　DOLBY STEREO

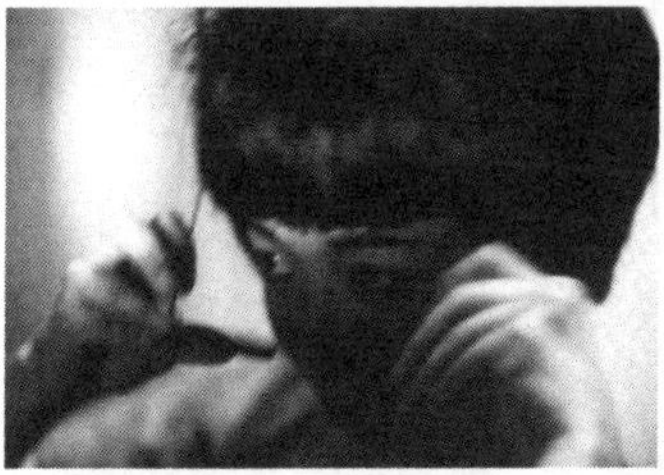

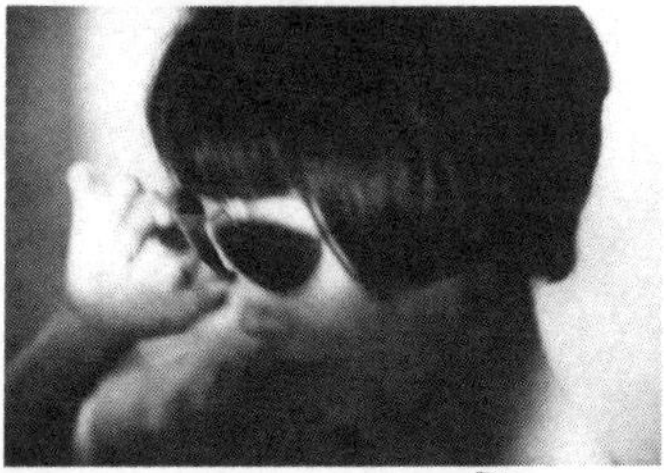

マルサの女

脱税摘発の超プロフェッショナル、日本のタックス・ポリス、国税局査察部──人呼んで彼らをマルサという。

『マルサの女2』 一九八八年

国税局の査察部と実際の地上げ屋サイドと、両方から濃密な取材をしまして、そのエッセンスだけで映画を作りました。情報の量と中身の濃さに関しては自信があります。地上げと脱税に関する奇想天外な手口が次から次へと数珠つなぎに繰り出されて、息もつかさぬスリリングな展開になっています。そして——これは僕にとっては大事なことなんですが、かなり笑える映画になったと思います。映画館がお客さんの笑いで一杯になる時ほど僕にとってしあわせなことはないんです！

『マルサの女2』チラシ裏面

マルサの女2
あの板倉亮子がマルサカットの寝癖頭を振り立てて帰ってきた！ 狙うは日本最強の地上げ集団鬼沢一家。マルサ危し！
伊丹十三監督作品
宮本信子／津川雅彦／丹波哲郎／大地康雄・桜金造・益岡徹／上田耕一・きたろう・不破万作
笠智衆／中村竹弥・小松方正・原泉／柴田美保子・洞口依子／加藤治子／三國連太郎
製作＝玉置泰＋細越省吾／脚本＝伊丹十三／撮影＝前田米造／照明＝桂昭夫／録音＝小野寺修／音楽＝本多俊之／美術＝中村州志／編集＝鈴木晄／SFX＝白組＋サンク・アール／音楽プロデューサー＝立川直樹／キャスティング＝笹岡幸三郎
グラフィック・デザイン＝佐村憲一／助監督＝久保田延廣／製作担当＝川崎隆 伊丹プロダクション作品／配給＝東宝株式会社
'87
KATSU.

『あげまん』一九九〇年

――いい題をつけられましたね

ええ、いい題をつけたんです（笑）

＊

――ナヨコが宮本信子、男が津川雅彦――

この二人はほとんど奇蹟的な名演技でね。絶好調のマストロヤンニとジャンヌ・モローで映画撮ってる気分でした

『あげまん』チラシ裏面

「あげまん」
伊丹十三監督作品
男にツキをもたらす女
古来人々はそれを
アゲマンの女と
呼びならわしてきた…
宮本信子／津川雅彦
大滝秀治／北村和夫
高瀬春奈／MITSUKO
宝田明／島田正吾
製作＝玉置泰／プロデューサー＝細越省吾
撮影＝山崎善弘／照明＝加藤松作
録音＝小野寺修／美術＝中村州志
音楽＝本多俊之／編集＝鈴木暁
製作＝ITAMI FILMS INC.
製作協力＝細越省吾事務所／配給＝東宝㈱
協力＝西友／セビロシステムズ東京花菱
アビス株式会社／オーヤマ照明
カッシーナ・ジャパン／インターデコール

『ミンボーの女』一九九二年

ヤクザと戦うのは大変難しい。勇気も知恵も忍耐もいりますが、プロの正しい対応法を学べば、一般市民である私やあなたにとっても不可能ではないのです。この映画では、前半が不適切な対応、後半が正しい対応というふうに構成されておりますので、主人公たちの活躍にハラハラドキドキしているうちに、いつしかヤクザの正しい撃退法を体験的に身につけてもらえるわけです。

『ミンボーの女』チラシ裏面

伊丹十三脚本監督
ミンボーの女
製作＝玉置泰／配給＝東宝株式会社／ITAMI FILMS INC.作品／製作協力＝細越省吾事務所
宮本信子・大地康雄・村田雄浩・伊東四朗・宝田明
中尾彬・我王銀次・津川雅彦・柳葉敏郎・渡辺哲・三谷昇・大滝秀治
撮影＝前田米造／美術＝中村州志／編集＝鈴木晄／音楽＝本多俊之／音楽監督＝立川直樹
協力＝長崎オランダ村株式会社ハウステンボス／セビロシステムズ東京花菱
美術協力＝アビス株式会社／KARIMOKU／(株)遠藤照明
弁護士の井上まひるです。専門はミンボー。ヤクザのことなら私にまかせて！

『大病人』 一九九三年

〈癌になった僕がニッコリ笑って死ぬための七つの法則〉（笑）

一、いい医者を選ぶ。

二、妻の支えが絶対必要。

三、告知してもらう。

四、痛みをとめてもらう。

五、無駄な延命治療はしない。

六、思いっきりじたばたするが許してもらう。

七、できればうちへ帰って死ぬ。

＊

この映画一本で、あなたも死ぬのが楽しみになります（笑）。

『大病人』チラシ裏面

伊丹十三脚本監督
大病人
製作＝玉置泰／配給＝東宝株式会社／ITAMI FILMS INC.作品／製作協力＝細越省吾事務所
撮影＝前田米造／照明＝矢部一男／録音＝小野寺修／美術＝中村州志／デジタル合成＝島村達雄（白組）／編集＝鈴木晄
音楽監督＝立川直樹／音楽＝本多俊之／カンタータ「般若心経」作曲＝黛敏郎
三國連太郎／津川雅彦／木内みどり・高瀬春奈／宮本信子
僕ならこう死ぬ…

『静かな生活』 一九九五年

映画はマーちゃんという若い娘さんの視点で進行します。マーちゃんにはイーヨーという兄さんがいる。イーヨーは障害者です。しかしとても美しい音楽を作る。その音楽が美しいのは、イーヨーがこの世で一番美しい魂を持っているからだ、とマーちゃんは信じている。しかし、イーヨーは一人では生きてゆけない。マーちゃんは今二十歳ですが、すでに、一生イーヨーに寄り添って生きてゆこうと決心している。この映画は、そのようなイーヨーとマーちゃんが、両親の長い留守中に遭遇する、波瀾万丈の冒険の物語なのです。

『静かな生活』チラシ裏面

静かな生活
伊丹十三脚本監督／大江健三郎原作
音楽＝大江光（日本コロムビア）／原作＝静かな生活（講談社刊）／製作＝玉置泰／伊丹プロダクション作品／配給＝東宝株式会社
山崎努／渡部篤郎／佐伯日菜子／柴田美保子／今井雅之／岡村喬生／宮本信子

『スーパーの女』一九九六年

たとえばこんなスーパーは、即なくなってほしい。野菜がしなしな。魚からは赤いおつゆが出ている。肉は変色。それを赤い蛍光灯でごまかして売っている。昨日売れ残ったものをリパックして今日の日付に直す。売れ残りの材料はお総菜に変身。しかもお総菜は朝のうちに全部作ってしまうから晩御飯のおかずを買いに行っても、フライもコロッケも冷たくなってこちこち。目玉商品は単なる客寄せの餌、開店直後直ちに売り切れ。輸入肉のいいものはナーニかまわん、和牛として売ってしまえ、誰にもわかりゃせん。売場はごみだらけ。従業員はお喋りに夢中。こんなスーパーはダンメッ！

『スーパーの女』チラシ裏面

全国主婦の皆さまご用達、爆笑スーパーコメディーはこれだ!
スーパーの女
宮本信子 津川雅彦主演
伊丹十三脚本監督
MILK
Sachiko.N

『マルタイの女』一九九七年

できばえは文句なく面白い。というより、面白さだけでできている映画だ。一つの映画にこんなに見せ場を詰め込んでいいものか。超エンターテイメント！　いや、これはもう「超映画」と呼んだ方がいい。

＊

いやあ、しかし、男が命をかけて女を守るっていうのはなんと素敵なことだろう！

『マルタイの女』チラシ裏面

伊丹十三脚本監督
「マルタイの女」
製作＝玉置泰／伊丹プロダクション作品／配給＝東宝株式会社／企画協力＝三谷幸喜／プロデューサー＝川崎隆
撮影監督＝前田米造／照明＝加藤松作／録音＝小野寺修・桜井敏信／美術＝川口直次／編集＝鈴木晄／音楽＝本多俊之／アクション＝高瀬将嗣
宮本信子
西村雅彦／村田雄浩／名古屋章
伊集院光／益岡徹／あき竹城／近藤芳正／六平直政／宝田明
高橋和也／山本太郎／木下ほうか／隆大介
津川雅彦／江守徹
あなたは私のマルタイだ。命をかけて私が守る。
Sachiko.N

逆引き図像解説

JUZO 1

『マルサの女』上映フィルム（海外版）　16頁

英語字幕がついた海外版のフィルム。おかっぱ頭の亮子（宮本信子）が国税局査察部（通称マルサ）に抜擢され、脱税摘発のプロに成長する物語を描いた監督第三作。

JUZO 2

猫と　21頁

猫を飼っていなかった時期はほとんどないほどの猫好き。映画『お葬式』にニャン吉役として出演した役者猫と映画撮影中のスナップ。

JUZO 3

三歳くらいの頃　26頁

腹ばいになって落書きをしている幼少の頃。大人になっても変わらずこのスタイルで原稿を書いた。病床が長かった父・万作の執筆スタイルがそうだった。

JUZO 4

伊丹明朝体　31頁

一九六一年に出版された父・万作の『伊丹万作全集』（筑摩書房）の題字デザインを手がけた。美しいレタリングは「伊丹明朝」と呼ばれたほど。

JUZO 5

生まれて間もなく　35頁

中央は父・万作、左側の母・キミに抱かれているのが十三。一九三三年。これから5年後、万作は胸を病み、十三が物心ついた頃から亡くなるまで、病床にあった。

JUZO 6

本棚　40頁

一九七〇年代、自然豊かな場所で子育てをしたいと移り住んだ神奈川県湯河原の家のダイニングが伊丹十三記念館の収蔵庫に再現されている。本棚には夏目漱石、吉野秀雄、井伏鱒二、フロイトらの全集がそろう。

JUZO 7

自作の「漢字読み仮名表」　44頁

「その漢字の持つイメージに対する愛着が、その字を使わせてしまう」と語り、文字に対する尊敬と愛着が人一倍強かった。自分でつくった「漢字読み仮名表」を手元に控え、原稿を書いた。

JUZO 8

愛車に乗って　50頁

愛車ＭＧで都内を走る。乗り物マニアで、車とバイクにはとことんのめり込んだ。ジャガー、ロータス・エランなどさまざまな車に乗ったが、最終的にはベントレーを購入した。『伊丹十三の本』（新潮社）に掲載された一枚。

JUZO 9

ＣＭのための絵つきメモ　54頁

ＣＭ作家としても活躍し、故郷松山の銘菓「一六タルト」でも自身の出演・ナレーションによる多くのシリーズを制作した。メモに書かれている台詞は古い松山弁。この松山弁がウケ、ＣＭは県内で大ヒットした。

JUZO 10

張り子の犬　62頁

次男の誕生祝いに作家の山口瞳から贈られた。犬の尻の余白いっぱいに「為池内万平君　山口瞳　勇猛心」と筆書きされている。山口は若き伊丹の才能を見出し、よく一緒に酒を酌み交わし、おいしいものを食べ歩いた。

JUZO 11

『タンポポ』絵コンテ　68頁

監督第二作『タンポポ』は食がテーマ。10本の脚本監督作では構想から宣伝・公開まですべての工程に深く携わった。初期には膨大な量の絵コンテを描き、俳優の動かし方などを綿密に計画して撮影にのぞんだ。

JUZO 12

『タンポポ』撮影風景　72頁

撮影に入る前、監督の伊丹は、主演でラーメン店の店主役の宮本信子をバイクの後ろに乗せていろいろなラーメン店に連れて行った。撮影初日には必ず、大道具や小道具さんが配置したものをすべて自分で配置し直した。

JUZO 13

自宅のキッチンにて　83頁

料理通でも知られ、自宅のキッチンに立つことも多かった。エッセイストの玉村豊男から送られてきたトマトで、トマトソース作りに奮闘しているところを、次男が撮影した写真。

JUZO 14

エッセイの挿絵原画　101頁

エッセイ「目玉焼の正しい食べ方」のためにペンで描いた挿絵。一九六〇～七〇年代のイラストの多くは、原稿用紙の裏に描かれた。

JUZO 15

伊丹十三記念館　103頁

両親の故郷で、伊丹が高校時代を過ごした愛媛県松山市に二〇〇七年開館。名前にちなんで常設展示室内は13に分けられ、仕事や趣味に関する品を楽しく観られる。

JUZO 16

「ヴァイオリン奏法」とカバー　104頁

二十一歳のときに習いはじめたヴァイオリン。最大の教師だったというカール・フレッシュの「ヴァイオリン奏法」には手製のカバーをかけて大切にしていた。

JUZO 17

海外から息子へ出したはがき　120頁

海外へ行った際には、まだ小さかった息子たち宛によくはがきを出した。絵柄を慎重に選び、文章も丁寧に。伊丹らしいユーモアが炸裂している。

JUZO 18

『マルサの女2』撮影風景　132頁

撮影中に主演の宮本信子に演技指導をする伊丹。宮本を「ほとんど女のハンフリー・ボガート。非常に難しいキャラクターを完璧に演じてくれた」と評している。

この人

伊《い》丹《たみ》十《じゅう》三《ぞう》

映画監督、俳優、エッセイスト、商業デザイナー（一九三三〜一九九七）

©伊丹プロダクション

映画監督・伊丹万作の長男として京都に生まれる。五四年に上京し、商業デザイナーを経て、六〇年から俳優に。映画・ドラマ出演のかたわら、エッセイスト、テレビマン、CM作家などとしても活躍。観察力が鋭く、ユーモアとウィットに富みながらも骨太なエッセイが人気を博した。八四年公開の『お葬式』以降、10本の脚本監督作品を発表。趣味人でもあり、食、音楽、ファッション、乗り物、精神分析などにも精通し、その才能をさまざまなシーンで発揮した。妻は女優の宮本信子。

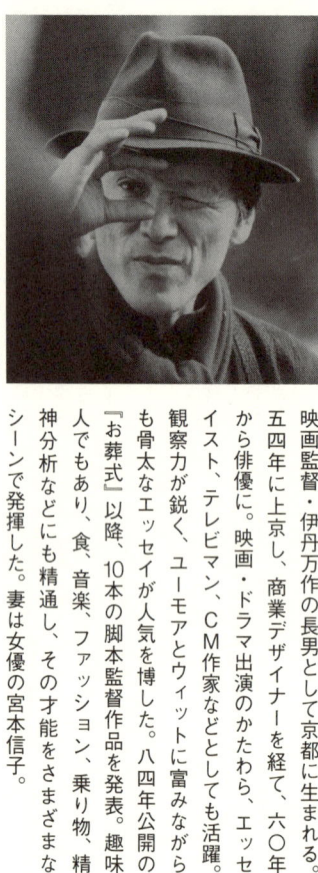

あの人

伊丹万作・山口瞳・中村好文

近くて遠い存在

『伊丹万作エッセイ集』
伊丹万作著　大江健三郎編（ちくま学芸文庫）
映画監督・脚本家であった父・万作は批評の名手でもあった。四十六歳で早逝したが、少年期の伊丹は父の文章を繰り返し読み、強い影響を受けた。

才能を見出した人

『山口瞳対談集〈4〉』
山口瞳著（論創社）
作家、俳優になる前から深い親交のあった山口は、伊丹の初エッセイ集『ヨーロッパ退屈日記』のタイトルをつけ、文章の指導もした。

記念館の建築家

『中村好文　集いの建築、円いの空間』
中村好文著　雨宮秀也写真（TOTO出版）
熱烈な伊丹ファンで「イタミスト」を自称する建築家。伊丹十三記念館をはじめ、設計を手がけた店舗や工房など人々が集う円い建築を紹介。

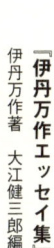

●本書に収録した「伊丹十三の言葉」は以下の本・雑誌・新聞から一部抜粋しました。
15頁＝『「マルサの女」日記』（一九八七年　文藝春秋）、17・42頁＝『ぼくの伯父さん』（二〇一七年　つるとはな）、18・32・33・43頁＝『女たちよ！』（一九六八年　文藝春秋）、19頁＝『「お葬式」日記』（一九八五年　文藝春秋）、20・25頁＝『再び女たちよ！』（一九七二年　文藝春秋）、22・23頁＝「週刊文春」（一九七二年三月二十七日号　文藝春秋）、24・28・36頁＝『ヨーロッパ退屈日記』（一九六五年　文藝春秋新社）、29頁＝「東京新聞」夕刊（一九七五年十月二十一日　東京新聞）、30頁＝『感性時代』（一九八四年　リブロポート）、34・37頁＝『女たちよ！　男たちよ！　子供たちよ！』（一九七九年　文藝春秋）、38頁＝「文藝春秋」（一九七五年七月号　文藝春秋）、39頁＝「週刊文春」（一九七一年十二月六日号　文藝春秋）

●本書に収録した作品は以下を底本としました。
『再び女たちよ！』（一九七二年　文藝春秋）
『ヨーロッパ退屈日記』（一九六五年　文藝春秋新社）
『日本世間噺大系』（一九七六年　文藝春秋）
「ミセス」（一九七一〜一九七二年　文化出版局）
『女たちよ！』（一九六八年　文藝春秋）
『女たちよ！　男たちよ！　子供たちよ！』（一九七九年　文藝春秋）

●参考文献『ぼくの伯父さん』（二〇一七年　つるとはな）

●本書文中にある「＊」は中略の意味です。

●表記はそれぞれの底本に準じ、一部にルビを加えました。

●「くらしの形見」収録品　所蔵＝伊丹十三記念館

●図版クレジット
［1、4、6、7、9〜11、14、16、17］所蔵＝伊丹十三記念館／［2、3、5、12、13、18］提供＝伊丹プロダクション／［8］『伊丹十三の本』（新潮社）

●「ブーツ」（「博物図鑑」）、「伊丹十三の映画全チラシ」図版提供＝伊丹プロダクション

MUJI BOOKS 人と物 8

伊丹十三

2018年12月1日　第1刷発行
2025年4月1日　第2刷発行

著者　伊丹十三
発行　株式会社良品計画
〒112-0004
東京都文京区後楽2-5-1
住友不動産飯田橋ファーストビル
電話 0120-146-404（お客様室）

企画構成　株式会社良品計画、株式会社EDITHON
編集デザイン　櫛田理、広本旅人、土田由佳、佐伯亮介
印刷製本　三晃印刷株式会社
協力　株式会社伊丹プロダクション、伊丹十三記念館

ご協力をいただいたすべての皆様に御礼を申し上げます。

ISBN978-4-909098-13-9　C0195

価格は裏表紙に表示してあります。
乱丁・落丁本は、小社お客様室あてにお送りください。
送料小社負担でお取り替えいたします。

MUJI BOOKS

ずっといい言葉と。

少しの言葉で、モノ本来のすがたを
伝えてきた無印良品は、生まれたときから
「素」となる言葉を大事にしてきました。

人類最古のメディアである書物は、
くらしの発見やヒントを記録した
「素の言葉」の宝庫です。

古今東西から長く読み継がれてきた本をあつめて、
MUJI BOOKSでは「ずっといい言葉」とともに
本のあるくらしを提案します。